essentials

Essentials liefern aktuelles Wissen in konzentrierter Form. Die Essenz dessen, worauf es als „State-of-the-Art“ in der gegenwärtigen Fachdiskussion oder in der Praxis ankommt. *Essentials* informieren schnell, unkompliziert und verständlich

- als Einführung in ein aktuelles Thema aus Ihrem Fachgebiet
- als Einstieg in ein für Sie noch unbekanntes Themenfeld
- als Einblick, um zum Thema mitreden zu können

Die Bücher in elektronischer und gedruckter Form bringen das Fachwissen von Springerautor*innen kompakt zur Darstellung. Sie sind besonders für die Nutzung als eBook auf Tablet-PCs, eBook-Readern und Smartphones geeignet. *Essentials* sind Wissensbausteine aus den Wirtschafts-, Sozial- und Geisteswissenschaften, aus Technik und Naturwissenschaften sowie aus Medizin, Psychologie und Gesundheitsberufen. Von renommierten Autor*innen aller Springer-Verlagsmarken.

Thomas Deelmann

McKinsey – Ein Jahrhundert Managementberatung

Entwicklung, Einfluss und Perspektiven

Thomas Deelmann
HSPV NRW
Köln, Deutschland

ISSN 2197-6708 ISSN 2197-6716 (electronic)
essentials
ISBN 978-3-658-52236-0 ISBN 978-3-658-52237-7 (eBook)
https://doi.org/10.1007/978-3-658-52237-7

Die Deutsche Nationalbibliothek verzeichnet diese Publikation in der Deutschen Nationalbibliografie; detaillierte bibliografische Daten sind im Internet über https://portal.dnb.de abrufbar.

Springer Gabler ist ein Imprint der eingetragenen Gesellschaft Springer Fachmedien Wiesbaden GmbH und ist ein Teil von Springer Nature.
Die Anschrift der Gesellschaft ist: Abraham-Lincoln-Str. 46, 65189 Wiesbaden, Germany

Was Sie in diesem *essential* finden können

- Eine kurze Übersicht der Unternehmensgeschichte der wohl prestigeträchtigsten Unternehmensberatung der Welt.
- Eine Darstellung ausgewählter Konzepte, die von McKinsey ausgehend Eingang in Beratungsbranche, Kundenunternehmen sowie Wirtschaft und Gesellschaft gefunden haben.
- Einen Ausblick mit Überlegungen zu aktuellen Herausforderungen, denen sich McKinsey sowie die Beratungsbranche insgesamt gegenübersehen.
- Antworten auf die vielleicht überraschenden Fragen, warum die Person McKinsey nicht wirklich wichtig für das Unternehmen McKinsey war; warum McKinsey nicht als klassische Strategieberatung bezeichnet werden sollte; und warum KI eher ein Schluckauf denn eine Disruption für die Consultants von McKinsey und anderen Häusern ist.

Vorwort

Allen aktuellen Kritiken und Herausforderungen zum Trotz ist Unternehmensberatung vermutlich eine der schillerndsten Branchen in der Wirtschaftswelt. Zudem polarisiert sie stärker als viele andere Sektoren. Auf der einen Seite wird sie als Verursacherin von Arbeitsplatzabbau beschimpft, auf der anderen Seite ist sie eine begehrte Arbeitgeberin für viele Hochschulabsolventinnen und -absolventen und wird von Kunden immer stärker nachgefragt.

Kein anderes Unternehmen wird wohl so häufig als Chiffre für die Branche der Consultants genutzt wie McKinsey & Company. Man kann es als das wohl prestigeträchtigste Beratungsunternehmen bezeichnen, das daher oft im Mittelpunkt vieler Berichte steht. Die Polarisierung findet hier wie unter einem Brennglas statt: von den einen geliebt, von den anderen gehasst.

Startpunkt des vorliegenden Buches ist das Jahr 1926, in dem das Unternehmen McKinsey gegründet wurde. Es hat seither nicht nur seine eigene Organisation wiederholt verändert, sondern auch auf die Beratungsbranche sowie auf Wirtschaft und Gesellschaft großen Einfluss ausgeübt. Der vorliegende Text nimmt das Zentenarium von McKinsey zum Anlass, um ausgewählte Episoden der Firmengeschichte nachzuzeichnen, Konzepte wie das Up-or-Out-Prinzip darzustellen, die für das Consulting prägend geworden sind, sowie Ideen zu diskutieren, die Eingang in die allgemeine Managementarbeit gefunden haben, wie etwa das pyramidale Prinzip oder die Arbeit mit Präsentationsfolien. Zudem werden auch die Schattenseiten, etwa Beteiligungen an Skandalen und Beratungsaffären, behandelt. Auch Chancen und Risiken zukünftiger Entwicklungen – insbesondere im Kontext Künstlicher Intelligenz – werden diskutiert.

Teile des vorliegenden Textes sind in ihren Grundzügen als Kolumne des Verfassers auf dem Portal Consulting.de erschienen und für diesen Beitrag weiterentwickelt worden, insbesondere Deelmann (2026c, 2022d, 2023d, 2025b) für die Abschn. 3.2, 3.4, 5.3 respektive 6.1.

Die Basis und Grundidee für das Unternehmensporträt stellt jedoch ein Gastbeitrag des Verfassers in der Frankfurter Allgemeinen Zeitung (F.A.Z.) vom 19. Januar 2026 dar, der für diesen Text überarbeitet und deutlich erweitert wurde. (Deelmann 2026a) Herrn Mark Fehr, Redakteur im Wirtschaftsressort der F.A.Z., sei für seine Unterstützung gedankt, mit deren Hilfe „Wie McKinsey zum Mythos wurde“ als Text auf der Seite „Der Betriebswirt“ veröffentlicht werden konnte.

Inhaltsverzeichnis

Einleitung: Prestigeträchtiges Unternehmen in einer kritisch beäugten Branche

1

1.1 Motivation

McKinsey, das wohl prestigeträchtigste Beratungsunternehmen der Welt, feiert 2026 seinen einhundertsten Geburtstag. Von den Mitarbeitenden[1] würde diesen Satz allerdings wohl kaum jemand so formulieren. Nicht etwa, weil sie die Prestigezuschreibung in vornehmer Bescheidenheit zurückweisen, sondern weil sie sich selbst nur ungern als Unternehmen bezeichnen und dies dem Haus den Anstrich eines gewöhnlichen Dienstleisters verleihen würde (vgl. Abschn. 2.3). Die Mitarbeitenden bezeichnen McKinsey meist als „Firma“ und viele sehen sich gerne als etwas Besonderes, als Teil einer Organisation, die anders ist als die Konkurrenz oder sogar ohne unmittelbare Wettbewerber dasteht.[2]

Dies klingt elitär und abgehoben, enthält jedoch durchaus zutreffende Aspekte. Denn vermutlich hat kaum ein anderes Unternehmen die Unternehmensberatungsbranche so geprägt wie McKinsey mit dem Fokus auf die Beratung des Top-Managements, dem ganzheitlich-generalistischen Beratungsansatz sowie dem Anspruch an eine Professionalität, die sich an klassischen Professional Service Firms orientiert. Zudem hat die Beratung wichtige Impulse für das betriebswirtschaftliche

[1] Im vorliegenden Text werden das generische Maskulinum und Femininum, Doppelnennungen sowie andere Formen der geschlechtergerechten Personenbezeichnung lose wechselnd genutzt. Durchweg sind alle Geschlechter gemeint, soweit sich nicht aus dem Kontext etwas anderes ergibt.

[2] Im Folgenden wird das gegenwärtig aktiv Unternehmen als McKinsey & Company oder nur kurz als McKinsey bezeichnet. Vorläuferunternehmen oder Unternehmensgründer werden (siehe insb. Kap. 3) mit ihren Eigennamen geführt, es sei denn, der Kontext schließt Verwechselungen weitgehend aus.

T. Deelmann, *McKinsey – Ein Jahrhundert Managementberatung*, essentials, https://doi.org/10.1007/978-3-658-52237-7_1

und manageriale Handeln gegeben, nicht nur im Heimatmarkt der USA, sondern etwas zeitversetzt auch in Europa und schließlich auf globaler Ebene.

Diese Prägungen lassen einen Rückblick auf das Unternehmen zum Jubiläum zugleich als Rückschau auf die Branchenhistorie erscheinen und im vorliegenden Fall kann die Unternehmensgeschichte zudem als Teil der Wirtschaftsgeschichte verstanden werden.

Die jüngsten Episoden dieser Geschichte spielen sich jedoch in einer Periode ab, in der die Dienstleistung Beratung eher unpopulär und wenig prestigeträchtig zu sein scheint. Dies lässt sich unter anderem auf als elitär und abgehoben wahrgenommene Verhaltensweisen einzelner Consultants, die Auswirkungen einzelner Beratungsprojekte, die mit Massenentlassungen in Verbindung gebracht werden oder die Verwicklung in Beratungsaffären zurückführen. Solche Aktivitäten haben vermutlich dazu beigetragen, dass die gesamte Branche von vielen Menschen kritisch bis ablehnend betrachtet wird. Während das moderne Consulting in den ersten Jahrzehnten der Existenz noch eine weitgehend unbekannte und teilweise verklärte Dienstleistung war, die kaum breitere öffentliche Wahrnehmung erhielt, kam es spätestens Anfang der 2000er-Jahre zu einer Veränderung. Exemplarisch für diese Entwicklung stehen der Dramatiker Rolf Hochhuth (Lepper-Binnewerg, Zündorf 2020) mit dem Theaterstück „McKinsey kommt“ (Hochhuth 2004) und der Publizist Dirk Kurbjuweit mit seinem ursprünglich „Die McKinsey-Gesellschaft“ genannten Buch, das später mit „Unser effizientes Leben“ betitelt wurde (Kurbjuweit 2004). Beide haben ein Beratungsunternehmen als Chiffre für eine ganze Branche herangezogen, um Arbeitsplatzabbau, Entlassungen und Effizienzwahn kritisch zu thematisieren.

McKinsey steht damit jedoch nicht allein. Auch andere namhafte Unternehmen sind etwa durch Interessenkonflikte oder den unreflektierten Einsatz von Künstlicher Intelligenz (KI) in die Kritik geraten. So zeigt Steinmann (2024) den „heiklen Doppelauftrag“ von PwC auf, bei dem das Unternehmen einerseits eine Staatsbürgschaft für die Benko-Gruppe beantragt und andererseits als Mandatar geprüft habe. Karp (2025a, 2025b) zeichnet eine Episode der unprofessionellen Nutzung von KI-Systemen von Deloitte in Australien nach und Brake (2025) einen ähnlich gelagerten Fall von Deloitte in Kanada. In diesen Fällen erlagen Verantwortliche der Versuchung, durchaus plausibel klingende Antworten von Systemen generativer KI in eigene Studien und Gutachten zu integrieren, obwohl die Ergebnisse erfunden waren. Die betroffenen Unternehmen reagierten mit Erklärungen und Entschuldigungen, ein Reputationsschaden bleibt jedoch bestehen.

Vielleicht ist gerade dieses ungleiche Verhältnis von Anspruch und Wirklichkeit in Verbindung mit einer gewissen Mythologisierung der Grund dafür, dass sich Journalisten, Schriftsteller, Regisseure und andere immer wieder zu dem Sujet hingezogen fühlen und sich kritisch mit Consulting auseinandersetzen. Neben Hochhuth und Kurbjuweit hat sich auch der Schauspieler Christoph Waltz hier eingereiht und in der Streaming-Serie „The Consultant“ die Hauptrolle übernommen; „Up in the Air“ und „Toni Erdmann“ sind zwei bekannte Spielfilme aus den Jahren 2009 und 2016, in denen Consultants Schlüsselfiguren spielen; zwei Investigativ-Journalisten der New York Times stellen ein „Schwarzbuch McKinsey“ zusammen und verschiedene Wirtschaftszeitungen und -magazine heben die Branche bzw. einzelne Vertreter – häufig McKinsey – regelmäßig auf ihre Titelblätter.

1.2 Ziel und Aufbau

Vor diesem Hintergrund ist es Ziel des Textes, die Geschichte der Managementberatung McKinsey & Company nachzuzeichnen und ausgewählte Einflüsse von McKinsey auf Beratungsbranche, Betriebswirtschaft und manageriales Handeln aufzuzeigen.

Hierzu wird in diesem einleitenden Abschnitt zunächst noch ein kurzer Blick zurück auf die Ursprünge von Beratung und die Anfänge der organisationalen beziehungsweise Unternehmensberatung geworfen, bevor Gründung und Aufbau der Firma McKinsey und Porträts ausgewählter Akteure in den Mittelpunkt rücken (Kap. 2).

Kap. 3 fokussiert auf verschiedene Facetten der Unternehmensentwicklung von McKinsey. So werden zunächst einschlägige Herausforderungen und der Umgang mit ihnen thematisiert. Im langfristigen Rückblick lassen sich Muster entdecken, die als Lösungshilfe für gegenwärtige oder sogar zukünftige Problematiken herangezogen werden können. Auch die Schattenseiten der Beratungstätigkeit, also die Verwicklung in oder sogar Verursachung von Skandalen und Affären, werden hier angesprochen. Sie scheinen zwar immer nur einen kleinen Teil der Mitarbeitenden zu betreffen, bekommen aber eine große öffentliche Aufmerksamkeit und prägen das Bild von Unternehmen und Branche.

McKinsey hat es im Laufe der vergangenen 100 Jahre geschafft, nicht nur sich selbst stetig weiterzuentwickeln, sondern auch andere Unternehmen der Branche zu beeinflussen. Ausgewählte Impulse hierzu werden in Kap. 4 skizziert. Die Arbeit der Consultants ist zudem nicht selten Taktgeber für Kundenunternehmen und Orientierung für Wirtschaft und Gesellschaft, wenn Empfehlungen, Arbeitsweisen oder Verhaltensmuster übernommen werden. Darstellungen ausgewählter Einflüsse in diesen Domänen sind ebenfalls Teil des Kapitels.

Nach der Betrachtung der Vergangenheit und dem Rückblick auf die großen Linien der bisherigen Entwicklungen schaut Kap. 5 auf die Gegenwart und (soweit es möglich und nicht unseriös erscheint) in die Zukunft. Neben einer Beschreibung der Firmentwicklung anhand von Angaben zum Umsatz und zur Zahl der Mitarbeitenden stehen insbesondere Fragen nach dem aktuellen Geschäftsmodell und einer möglichen Weiterentwicklung sowie dem Einsatz von oder sogar dem Ersatz durch Systeme der Künstlichen Intelligenz im Zentrum der Betrachtungen.

Eine Zusammenfassung, ein Fazit und ein Ausblick auf weitere Fragestellungen runden den Text ab und greifen noch einmal das (hohe) Unternehmens- und (eher geringe) Branchenprestige auf (Kap. 6).

1.3 Grundlagen

In diesem Beitrag wird Beratung (besser: organisationale Beratung; engl. Consulting[3]) verstanden als professionelle Organisationsveränderungsbegleitung (Deelmann: 2023a, S. 285). Der Zusatz „professionell" verweist darauf, dass Beratung eine methodisch fundierte Kerntätigkeit darstellt, mithin also eine Hauptleistung und kein Nebenprodukt einer anderen Aufgabe ist. Der Begriff „Organisation" bezeichnet hier die Kundenorganisation und ist bewusst weit gefasst. Unternehmen sind einbezogen, ebenso Verwaltungen, Vereine, NGOs und andere Entitäten. Die „Veränderung" bezieht sich auf positive wie negative Situationen, mit denen gearbeitet wird. Wichtig ist dabei, dass die Verantwortung für Entscheidungen und für das Ergebnis bei der Kundenorganisation liegt und die Beratungsorganisation lediglich zeitlich begrenzt „begleitet", was wiederum eng oder eher locker erfolgen kann.

Diesem Verständnis folgend, kann Beratung auch von verwandten Dienstleistungen abgegrenzt werden. Während sich die Beratung an Organisationen richtet (und nicht an Einzelpersonen) und an einer konkreten Aufgabe arbeitet (und nicht an eher abstrakten Situationen), haben andere Dienstleistungen wie Coaching (Fokus: Person, konkrete Situation), Training (Fokus: Organisation, abstrakte Situation) und Supervision (Fokus: Person, abstrakte bzw. indirekte Situation) andere Schwerpunkte

Der Beratungsmarkt, die dort angebotenen Dienstleistungen und die Art der Leistungserbringung sind vielfältig. Das Angebotsportfolio von Beratungen lässt sich oft anhand der betreuten Beratungsfelder (Service Lines) und ihrer Kundenbranchen (Industry Groups) beschreiben. Bei den Branchen wird beispielsweise

[3] Die Begriffe Beratung und Consulting werden in diesem Text synonym verwendet; dies gilt ebenso für die Begriffe Consultant, Berater bzw. Beraterin, Mitarbeitende etc., soweit sich aus dem Kontext nicht etwas anderes ergibt.

nach Fertigungsindustrie, Finanzsektor, öffentlichem Sektor, Handel etc. unterschieden. Die Beratungsfelder lassen sich klassisch in Strategie, Organisation & Prozesse, IT sowie HR unterscheiden. (Bundesverband Deutscher Unternehmensberatungen 2025a, S. 9–10) In der Praxis organisieren sich einzelne Unternehmen oftmals in einer Matrixstruktur aus Service Lines und Industry Groups. Zudem gibt es größere Beratungen, die ein sehr breites Leistungsspektrum abdecken. McKinsey gehört sicherlich in diese Gruppe und bietet ein breites Portfolio an, sodass das Unternehmen zwar manchmal als Strategieberatung bezeichnet wird, diese Zuschreibung aber zu kurz springt. Andere Unternehmen verstehen sich als Beratungsboutique und beschränken sich bewusst auf eine Branche oder einen Service.

Die Interventions- oder Beratungsform bestimmt, mit welchem Interaktionsansatz und Beratungsverständnis die Consultants arbeiten. Im Rahmen der sogenannten gutachterlichen Beratung wird vom Kunden eine Frage oder eine Aufgabe gestellt und die Beratung liefert eine sachliche Antwort. Bei der Expertenberatung – dies ist die verbreitetste Form und wohl auch bei McKinsey vorherrschend – wird gemeinsam mit dem Kunden eine Lösung entwickelt, wobei die Beratung eine inhaltliche Führungsrolle übernimmt. Die Organisationsentwicklung greift auf den Hilfe-zur-Selbsthilfe-Gedanken zurück und versucht, die Kundenorganisation entsprechend zu befähigen. Im Rahmen der systemischen Beratung schließlich wird kaum mehr ein Rat erteilt, sondern die Kundenorganisation bzw. das Kundensystem erhält vom Beratungssystem sogenannte Irritationen und erkennt (hoffentlich) selbst Lösungs- bzw. Veränderungswege. (Walger 1995)

McKinsey ist ein altes und traditionsreiches, aber nicht das älteste Beratungsunternehmen. Darstellungen zur Consulting-Geschichte vermeiden häufig klare Aussagen zum Ursprung oder sind teilweise sogar sachlich missverständlich formuliert. Arthur Dehon Little gilt in manchen Darstellungen als erster Unternehmensberater. Dies ist jedoch nicht der Fall und verkürzt die Entwicklung stark. Er hat sein erstes Unternehmen zwar schon 1886 gegründet, doch lässt er sich nicht ohne Weiteres als erster Consultant einordnen. Bei einem weiteren historischen Rückblick zeigt sich, dass es Ratgeberinnen und Ratgeber für die Mächtigen, Wohlhabenden und Herrschenden schon seit langer Zeit gibt. Vereinfachend betrachtet lassen sich alle Fach- und Prozessberatungstechniken auf die seit Jahrtausenden bekannten Arbeitsweisen der Sophisten und Sokratiker zurückführen und lediglich als Reinkarnationen dieser Ansätze interpretieren. Vor 2500 Jahren haben in der griechischen Antike die Sophisten ihr Wissen in den Vordergrund gestellt, die Sokratiker wollten mithilfe von geschickten Fragen ihr Gegenüber selber zum Denkergebnis kommen lassen. (Kunzmann, Burkard 2020, S. 35, 37) In der Gegenwart umfasst der eine Ansatz die gutachterliche und Expertenberatung und der andere die Organisationsentwicklung und systemische Beratung (siehe oben).

Frederick Winslow Taylor, der Begründer des Scientific Management (Taylor 1911), hat von 1893 bis 1901 als Berater gearbeitet. Taylors Biograf Copley notiert explizit, dass dieser sich auf Briefbögen, Stempeln und Visitenkarten als „Consulting Engineer" bezeichnet hat. (Copley 1923, S. 391) Ein Unternehmen, das heute Consulting-Leistungen anbietet und dessen Wurzeln sehr weit zurückreichen, ist Marsh (bis 2025 Marsh McLennan). Dank einer Reihe von Firmenübernahmen und strukturellen Veränderungen lassen sich die historischen Wurzeln von Marsh bis 1845 zurückverfolgen, wobei vermutlich erst in der zweiten Hälfte des 20. Jahrhunderts Beratung einen wachsenden Anteil an den Firmenaktivitäten einnahm. (Marsh & McLennan 2022) Für das Jahr 1906 wird erstmals in der Unternehmenshistorie von Arthur D. Little (2022) eine ratgebende Tätigkeit im modernen Consulting-Verständnis dokumentiert, vorher war Little im Bereich der angewandten chemischen Forschung aktiv. (Arthur D. Little 2017, 2022) Taylor kann daher als erster Consultant bezeichnet werden, Marsh ist das Beratungsunternehmen mit den ältesten institutionellen Wurzeln und Arthur D. Little ist die Beratung, die am längsten Consulting-Leistungen anbietet. (Deelmann 2022a) Diese Entwicklungen bereiteten den Boden für James Oscar McKinsey und seine Vorstellungen über die Arbeit eines Beratungsunternehmens.

Anfänge und ausgewählte Schlüsselpersonen

2

2.1 James Oscar McKinsey

Die Anfänge der Unternehmensberatung McKinsey waren vergleichsweise unspektakulär. James Oscar McKinsey (1889 bis 1937) war Professor für Rechnungswesen (New York Times 1937; Flesher, Flesher 1996) und hat 1926 in Chicago (USA) ein Unternehmen mit Schwerpunkt auf „Management Engineering" und Rechnungswesen gegründet (McKinsey 2025a; Bower 1979, S. 12–14, 30, 47). Management Engineering war eine frühe Bezeichnung für die Dienstleistung Unternehmensberatung bzw. Consulting und ist heute nicht mehr gebräuchlich. Neben beziehungsweise zeitlich nach dem Management Engineering wurden auch die Begriffe „Efficiency Engineers" und „Business Doctors" zur Bezeichnung der Dienstleister genutzt.

Das Gründungsjahr von McKinsey wird in einigen Quellen anders angegeben, etwa 1925 (New York Times 1937) oder 1927 (vgl. die zitierte Aussage seines ehemaligen Arbeitgebers in (Bower 1979, S. 12)), aber die Mehrheit der Quellen sowie das Unternehmen selbst nennen 1926.

Der Gründer verließ die Firma bereits 1935 – Bower zufolge war dieser Schritt lediglich als vorübergehend geplant, McKinsey wollte in sein Unternehmen zurückkehren –, um zu einem großen Kundenunternehmen zu wechseln und die Leitung der Kaufhauskette Marshall Field & Company zu übernehmen. James Oscar McKinsey verstarb jedoch bereits 1937 an den Folgen einer Lungenentzündung (New York Times 1937) und konnte die weitere Entwicklung des Unternehmens nicht mehr begleiten.

T. Deelmann, *McKinsey – Ein Jahrhundert Managementberatung*, essentials, https://doi.org/10.1007/978-3-658-52237-7_2

2.2 Andrew Thomas Kearney

Andrew Thomas Kearney (1892 bis 1962) wurde von McKinsey 1929 als erster Partner in das noch junge Unternehmen geholt. Kearney leitete zuvor die Marktforschung bei Swift & Company, einem fleischverarbeitenden Unternehmen. Kearneys stärker marktbezogene Perspektive ergänzte McKinseys vom Rechnungswesen geprägten Ansatz. (Kearney 2026a; Bower 1979, S. 13)

Nachdem bekannt geworden war, dass James Oscar McKinsey sein Unternehmen verlassen würde, gab es verschiedene Angebote für Übernahmen und Zusammenschlüsse, das von Scovell, Wellington & Company schien besonders passend. Die beiden Unternehmen haben sich 1935 zusammengeschlossen und schufen angesichts der damals teilweise überlappenden Tätigkeitsfelder von Prüfung und Beratung sowie der regionalen Präsenz zwei organisatorische Einheiten: Scovell, Wellington & Company mit einem Schwerpunkt auf Buchhaltung und Prüfung sowie McKinsey, Wellington & Company mit einem Schwerpunkt auf Beratung. (Bower 1979, S. 27–28, 30; Kearney 2026a) Wirtschaftliche und Managementprobleme führten 1939 zu einer Umstrukturierung, bei der Oliver Wellington seine Anteile am Unternehmen McKinsey, Wellington & Company aufgegeben und dieses verlassen hat, um sich bei Scovell, Wellington & Company, dem anderen Unternehmen, wieder verstärkt zu engagieren. Im gleichen Schritt hat sich McKinsey, Wellington & Company aufgeteilt: in McKinsey & Company, mit Büros in New York und Boston sowie in McKinsey, Kearney & Company, mit einem Büro in Chicago. (Bower 1979, S. 43–47). Formal wurde zwischen den beiden McKinsey-Unternehmen ein Kooperationsmodell vereinbart, das sich jedoch als nicht tragfähig erwies, denn im Zeitverlauf kam es zu ernsthaften Konkurrenzsituationen, was wiederum zu Verwirrung bei Mitarbeitenden und insbesondere Kunden führte. Zur Lösung dieser Situation wurde vereinbart, dass ein Unternehmen die McKinsey-Namensrechte an das andere verkauft und fortan als „A.T. Kearney & Company" firmiert. (Kearney 2026a).

Andrew Thomas Kearney hat sich 1961 aus dem aktiven Beratungsgeschäft zurückgezogen und verstarb bereits 1962. Das Unternehmen selbst hat den eingeschlagenen Expansionskurs fortgesetzt, wurde 1995 vom IT-Unternehmen EDS übernommen und ist 2006 durch einen Management-Buy-out wieder eigenständig geworden. 2020 erfolgte eine Umbenennung von „A.T. Kearney" zu „Kearney", sodass das hundertjährige Firmenjubiläum ebenfalls 2026 unter der neuen Marke gefeiert wird. (Kearney 2026b)

2.3 Marvin Bower

Bereits 1933 trat Marvin Bower (1903 bis 2003) in das Unternehmen ein, übernahm dort schnell Verantwortung und war bei den Umstrukturierungen der späten 1930er-Jahre zunächst bei McKinsey, Wellington & Company und später bei McKinsey & Company aktiv. (New York Times 2003; Haas Edersheim 2004) Rückblickend bedeutsam war sein Einsatz dafür, dass langfristig nur der Name McKinsey in der Firmierung erhalten blieb. (Bower 1979, S. 47) Bower wollte weder seinen eigenen, noch die Namen anderer Gesellschafter aufnehmen, wie es damals üblich war und auch heute noch gerne praktiziert wird. Seine Begründung für diese Entkoppelung war prägnant: McKinsey ist als Marke etabliert, aber niemand kann mehr mit dem Namensgeber als (vermeintlich) höchster Instanz sprechen. Dadurch konnte sich das Unternehmen institutionell von einzelnen Personen lösen. Dabei war Bower selbst Schlüsselperson für die weitere Entwicklung des Unternehmens und stand ihm sogar von 1950 bis 1967 vor.

Bower (1979, S. 39) hat dabei wesentliche Entwicklungen des Unternehmens begleitet sowie Einstellungen und Selbstverständnis der Organisation geprägt, etwa wenn er unmissverständlich festhält: „Since we are a professional firm, I think it helps us inside and outside to use professional terminology with rigorous consistency – to refer, for example to our organization as a ‚firm‘ and to the activity of the Firm [Großschreibung im Original; d. Verf.] as ‚our practice,‘ not ‚our business.‘ We don't sell, nor do we have products or markets." Auch in aktuellen Selbstdarstellungen wird der Begriff „Unternehmen" vermieden (McKinsey 2025a, 2025b). Zudem unterscheidet Bower den normalen „businessman" vom „professional", wie er nach seinem Verständnis von McKinsey-Mitarbeitenden verkörpert wird (Bower 1979, S. 126). Diese Position findet sich bei Bower mehrfach, etwa wenn an anderer Stelle McKinsey von einem „business" abgegrenzt und das Unternehmen als „profession" betrachtet (Bower 1979, S. 274).

Die Harvard Business School (2025) würdigt ihn posthum: „Bower is considered the father of modern management consulting. He led McKinsey's worldwide expansion and created many of its consulting tools and applications, increasing the company's billings tenfold in the process. He pioneered the practice of hiring business school graduates and utilized the ‚up or out‘ policy to develop future McKinsey partners."

2.4 Herbert Henzler

Herbert Henzler gehört nicht zur Gründer- oder unmittelbaren Aufbaugeneration von McKinsey, soll aber aufgrund seiner Bedeutung für die Entwicklung des Unternehmens in Deutschland dennoch kurz vorgestellt werden. Henzler gilt als eine der prägenden Persönlichkeiten der deutschen Managementberatungslandschaft und spielte über mehrere Jahrzehnte eine zentrale Rolle in der Entwicklung von McKinsey & Company in Deutschland und Europa. Er arbeitete seit 1970 bei McKinsey, wurde 1975 Partner, 1985 Leiter des deutschen Büros und war seit 1999 European Chairman von McKinsey. 2001 legte er seine operativen Funktionen nieder und wechselte in das Advisory Council (Beirat) von McKinsey. (Bogdanich, Forsythe 2022, S. 380–402; Henzler 2011)

McKinseys Start in Deutschland (siehe auch Abschn. 3.1) verlief zunächst schwierig und das Unternehmen benötigte Zeit, um das Vertrauen der Führungskräfte potenzieller Kunden zu gewinnen, wie Marvin Bower (1979, S. 109) festgehalten hat. Er ergänzt: „[…] German companies not only had less knowledge of the consulting field and of the Firm but employed a high degree of secrecy.“ Unter Henzlers Verantwortung ist das Beratungsunternehmen in Deutschland – etwa mit Siemens und Daimler als Großkunden (Henzler 2011, S. 128, 143) –, aber auch in Osteuropa stark gewachsen. Dies trug unter anderem dazu bei, dass das sogenannte Deutsche Büro eine vergleichsweise einflussreiche Rolle innerhalb von McKinsey eingenommen hat. Henzlers Zeit bei McKinsey gilt als prägende Phase für die Professionalisierung der Managementberatung im deutschsprachigen Raum. (McDonald 2015, S. 157–161; Henzler 2011)

3 Ausgewählte Episoden der Unternehmensentwicklung

3.1 Basis für Erfolg: Stabiler Wertekanon und adaptive Organisation

McKinsey hat – wie in Kap. 4 näher gezeigt wird – Beratungsbranche, Kundenorganisationen und Managementwelt nachhaltig geprägt. Der Name „McKinsey" wurde in der öffentlichen Diskussion sogar als Verb verwendet. (McKenna 2006, S. 181–182 m. w. A.; Jensen 1971) Nicht wenige Wettbewerber haben versucht, das Modell zu kopieren und den Schlüssel für den Erfolg zu finden. Auch Sachbuchautoren versuchen wiederholt, das Erfolgsgeheimnis von McKinsey offenzulegen und bewegen sich mit ihren Werken an der Schnittstelle von Ratgeber- und Insider-Literatur, etwa Rasiel (1999) oder McDonald (2015). Eine prägnante und jederzeit anwendbare Formel mit garantierter Wirkung hätte McKinsey vermutlich selbst gerne, doch ist sie schwer greifbar. Eine monopolartige Marktstellung oder das Eintreten für eine staatliche Regulierung der Branche sind offenbar kein Baustein für die Erklärung des Erfolgs, denn der globale Marktanteil von McKinsey beträgt bei einem Umsatz von rund 16 Mrd. Dollar (The Economist 2025) und einem Marktvolumen von 263 Mrd. US-Dollar (Source Global Research 2024) rund sechs Prozent. Auch arbeitet die Branche weitgehend unreguliert und ohne Branchenaufsicht sowie ohne verpflichtende Standards und Normen. Für Deutschland bringt dies der Bundesverband Deutscher Unternehmensberatungen (2025b) als Interessenvertretung der Consultants folgendermaßen zum Ausdruck: „Der berufliche Zugang in die Unternehmensberatung steht grundsätzlich jedem frei."

Wichtiger erscheinen stabile Unternehmensprinzipien sowie eine strategische Anpassungsfähigkeit an Kundenbedürfnisse und Umweltentwicklungen. Diese

T. Deelmann, *McKinsey – Ein Jahrhundert Managementberatung*, essentials, https://doi.org/10.1007/978-3-658-52237-7_3

Anpassungen berücksichtigen Geschäftskern und Firmenphilosophie. Das Motiv der Professionalität findet sich in Bowers „Perspective on McKinsey“ (Bower 1979) wieder, das bis heute als Leitlinie für das Unternehmen gilt, wie auch Marktanner (2022, S. 89) festhält, wenn sie diesen Text als „interne[s] Firmenhandbuch“ charakterisiert und notiert: „Angeblich erhalten bis heute alle neu rekrutierten McKinsey-Beraterinnen und -Berater eine Ausgabe der ‚Firmenbibel‘ und hüten diese wie einen Schatz.“ Das Buch kombiniert eine Darstellung der Unternehmenshistorie mit Abhandlungen über die Werte, die konstituierend für McKinsey sind, und wird allen neuen Mitarbeitenden im Rahmen des firmeneigenen Onboarding-Programms überreicht.

Der Kodex „Client first, firm second, self third“ (Gehrmann 2002; Bilanz 2003) legt eine klare Prioritätenliste für das Handeln der Consultants fest. McKinsey selbst äußert sich hierzu regelmäßig nicht und bestätigt mit dieser zurückhaltenden Position indirekt den Kodex. Die ersten beiden Punkte (i. e. ohne die Anforderungen an die individuellen Consultants) werden jedoch an anderer Stelle bei McKinsey (2025e) offensiv kommuniziert: „put client interests ahead of our firm's“. Bower (1979, S. 56) notiert die Formulierung „placing client welfare ahead of our interest“ und McDonald (2015, S. 92) formuliert noch deutlicher: „The client before anything“. Als Clients – also als Kunden – werden bereits früh in der Unternehmensgeschichte explizit Führungskräfte adressiert, denen bei der Lösung ihrer Managementprobleme geholfen werden soll. Damit erfolgt eine Abgrenzung zu anderen, stärker ingenieurwissenschaftlich geprägten Beratungsthemen.

Der „One Firm“-Ansatz (Bower 1979, S. 238) ist die Basis für eine Unternehmensentwicklung, die eine gleichbleibende Arbeitsqualität in jedem Projekt und in jeder Niederlassung sowie die Ausrichtung auf den globalen Unternehmenserfolg gewährleistet – was den Consultants durchaus spöttische Bemerkungen einbringt. In einem Text des Manager-Magazins (1998) heißt es: „Der einheitliche Qualitätsanspruch hat zu einem selbstbewußten Auftritt geführt, der den Beratern den Stempel der ‚Klones‘ eingetragen hat, ein Image, das die Firma extern wie intern offensiv angeht“. Gleichzeitig scheinen es McKinsey-Consultants aber auch zu schaffen, sich in die jeweiligen Kundenorganisationen zu assimilieren. (Bower 1979, S. 185) Mit dem „One Firm“-Prinzip geht ein spezifischer Governance-Ansatz einher. Bis 1956 war McKinsey partnerschaftlich organisiert, seither ist das Unternehmen eine juristische Person, bleibt allerdings den alten Koordinationsmechanismen verpflichtet: „We are a corporation but govern ourselves like a partnership, and are owned and governed by our partners worldwide.“ (McKinsey 2025g, S. 1)

Die „Obligation to dissent“ steht schließlich für die Verpflichtung aller Mitarbeitenden, ihre Meinung einzubringen sowie begründeten Widerspruch zu äußern und bildet mit anderen Werten ein stabiles Fundament: „follow the top-management approach“, „uphold the obligations to engage and dissent“, „govern ourselves as a ‚one firm‘ partnership“ (McKinsey 2025e).

Trotz allem Erfolg ist das Unternehmen bei der Berichterstattung über die eigene Arbeit sehr zurückhaltend. Website und Social-Media-Kanäle sind zwar nicht leer, aber man kommuniziert dort viel und sagt dabei wenig über sich selbst. Mitarbeiter- und Umsatzzahlen etwa werden weder konsistent noch detailliert berichtet. Im Handelsblatt wird dazu kommentiert: „McKinsey veröffentlicht keine Angaben mehr zu Umsatz- und Mitarbeiterentwicklung. Die Partnerschaft hat die Berichterstattung dazu in ihrem Nachhaltigkeitsbericht nach fünf Jahren wieder eingestellt. Die neue, alte Intransparenz ist keine gute Strategie in eigener Angelegenheit.“ (Kewes 2025) Ohne die Veröffentlichungspflichten einer Börsennotierung kann man sich dieses Verhalten offenbar leisten und befeuert durch die dadurch entstehenden Spekulationen, die ebenfalls kaum kommentiert werden, sogar noch den eigenen Mythos (Focus 2023; Karriere.de 2025; Welt 2023; Thielscher 2025, S. 191–208; Deelmann 2015, S. 108–118) als Firma.

Neben diesen eher normativen Werten scheinen auch beobachtbare Veränderungen der Organisationsstruktur wichtig für den Erfolg in den vergangenen 100 Jahren zu sein. So werden Dienstleistungen, die nicht mit dem Kern-Geschäftsmodell kompatibel sind, im Laufe der Zeit aufgegeben: Die Trennung der Unternehmensberatung von Buchhaltungs- und Wirtschaftsprüfungsaufgaben (Bower 1979, S. 47) sowie der Verzicht auf Personalberatungsleistungen (McKinsey 1940, S. 27) sind frühe Beispiele. Aktueller ist die Trennung des 1985 gegründeten McKinsey Investment Office (MIO), der unternehmenseigenen Vermögens- und Beteiligungsverwaltung, vom Beratungsbetrieb und die Auslagerung an die Investmentgesellschaft Neuberger Berman. (McDonald 2015, S. 165; McKinsey 2026a; Neuscheler 2026) Durch diesen Schritt soll Interessenkonflikten vorgebeugt werden, die entstehen könnten, wenn Consultants Unternehmen beraten, an denen sie Beteiligungen halten oder Kunden beraten, die im Wettbewerb zu ihren Beteiligungen stehen.

An anderen Stellen werden jedoch neue Dienstleistungsbereiche ergänzt, wie verschiedene Entwicklungen illustrieren: Das McKinsey Global Institute (MGI) hat sich seit der Gründung 1990 als ein international einflussreicher Think Tank etabliert (McKinsey 2025a; Drezner 2019, S. 155–158), die Gründung des Business Technology Office (BTO) hat 1997 früh eine Öffnung der Managementberatung in Richtung Informationstechnologie markiert (McKinsey 2025a) und mit der Akquisition von QuantumBlack 2015 (McKinsey 2015) wurde eine Basis für Data Analytics und schließlich Künstliche Intelligenz gelegt, die durch eine Kooperation mit Amazon Web Services und die Gründung der gemeinsamen Einheit Amazon McKinsey Group (AMG) ergänzt werden soll (McKinsey 2026b).

Auch wenn der Markt für die Beratungsleistungen anfangs noch klein war, so wurde er erfolgreich entwickelt und die Dienstleistung bei Kunden etabliert, wie Bower (1979, S. 50–81, 82–118) für die Expansion in den ersten Dekaden nachzeichnet. McKinsey hat dabei ganze Länder und Branchen strukturell erschlossen und ist zu einem globalen Dienstleistungsanbieter geworden. Die Gründung der ersten Niederlassung in Deutschland fand im Jahr 1964 in Düsseldorf statt, nachdem in den Jahren davor der Markt aus dem Londoner Büro (Eröffnung 1959) heraus sondiert wurde (McKinsey 2025a). 1971 wurde dann mit der Niederlassung in Tokio das erste Büro in Asien eröffnet, Mitte der 1980er-Jahre besaß nur noch weniger als die Hälfte der Consultants eine US-amerikanische Staatsbürgerschaft und 1995 wurden Büros in der Volksrepublik China (Shanghai und Peking) eröffnet. (McKinsey 2025c)

Die Luftverkehrsindustrie und der öffentliche Sektor können als Beispiele für den Marktzugang in neue Kundenbranchen herangezogen werden. Gemeinsam mit Lufthansa hat McKinsey (2013b) das Joint Venture Lumics gegründet, das Beratungsleistungen für die Optimierung komplexer Produktionsprozesse anbietet. Der öffentliche Sektor wurde um die Jahrtausendwende von führenden McKinsey-Partnern noch als nicht attraktiv abgetan. (Bogdanich, Forsythe 2022, S. 150) Mittlerweile ist jedoch die Tochterfirma Orphoz auf diese Kundenbranche spezialisiert und bietet Unterstützung etwa bei Veränderungs- und Transformationsprogrammen sowie der Digitalisierung der Verwaltung an. (McKinsey 2025a; Orphoz 2025)

3.2 Wiederkehrende Herausforderungen

Die Situation, in der sich McKinsey nach der Expansion und zum Zeitpunkt des Jubiläums befindet, lässt sich mit folgendem Zitat zusammenfassen:

> „Das starke Wachstum ging jedoch mit Problemen einher, die aus häufigen Wechseln im Topmanagement und einer angekratzten Reputation resultierten. Infolgedessen hat McKinsey interne Prozesse neu organisiert und das Vorgehen zur Auswahl ihrer Kunden überprüft.“

Tatsächlich stammen diese beiden Sätze jedoch nicht aus der ersten Hälfte der 2020er-Jahre, sondern aus der New York Times vom 30. Mai 1971 (Jensen 1971; Übersetzung d. Verf.).

Die New York Times hat damals drei Dinge beobachtet: Erstens eine hohe Fluktuation in der Unternehmensführung. Marvin Bower war von 1950 bis 1967 Managing Director von McKinsey. Sein Nachfolger Gilbert H. Clee erkrankte jedoch bereits wenige Monate nach Amtsantritt schwer und musste die Führung abgeben, sodass mit C. Lee Walton Jr. innerhalb kurzer Zeit ein dritter CEO die Führung übernahm. Clee verstarb wenige Wochen später. (Sloane 1973; McDonald 2015, S. 101–102) Eine solche Wechselhäufigkeit hinterlässt typischerweise Spuren in Organisationen – so auch bei McKinsey. Zweitens sorgte der Verdacht auf Interessenkonflikte bei der Arbeit von McKinsey-Consultants für externe Empörung und zusätzliche interne Unsicherheiten. (Time 1973) Drittens fand all dies vor dem Hintergrund einer Vervierfachung der Unternehmensgröße sowie einer starken Internationalisierung statt (siehe oben, Abschn. 3.1). McDonald (2015, S. 105) schreibt über die Zeit nach dem Rückzug von Bower aus der Führungsrolle, sie sei „quite clearly one the firm would like to forget."

Über die Reaktion von McKinsey auf die Herausforderungen berichtet die New York Times weiter, dass Strukturen und Prozesse angepasst, neue Regelwerke eingeführt, die Vergütungsstruktur verändert wurden etc., um der erreichten Unternehmensgröße und der laufenden internationalen Expansion gerecht zu werden. Zudem wurden einheitliche Trainingsprogramme etabliert.

Schließlich versuchte das Unternehmen, der Organisationskultur einen festen und kodifizierten Kern zu geben. Dies mündete in der „Firmenbibel", dem schon angesprochenen „interne[n] Firmenhandbuch". (Marktanner 2022, S. 89)

In einem Kapitel seines Buches beschreibt Bower das Vorgehen bei der Gewinnung neuer und der Bindung bestehender Kunden. Wichtig erschien ihm, dass nicht alle potenziellen Kunden angenommen und bedient werden sollten; sie mussten zur Firma und zu ihrer Einstellung passen. Wenn jedoch eine Zusammenarbeit erfolgte, wurden die Interessen der Kunden denen der Beratung vorangestellt. Ebenfalls zentral war die Forderung, dass Consultants unabhängig agieren müssen.

Die oben zitierte Diagnose aus dem Jahr 1971 erscheint auch für die Zeit rund um das Unternehmensjubiläum bemerkenswert aktuell, denn die beiden Sätze skizzieren treffend die Situation bis in die erste Hälfte der 2020er-Jahre.

Erstens ist es erneut an der Führungsspitze unruhig. Nachdem Dominic Barton die Rolle des Global Managing Partners von 2009 bis 2018 ausgefüllt hatte, wurde sein Nachfolger Kevin Sneader nach nur einer Wahlperiode (2018 bis 2021) von seinen Partnerkollegen ungewöhnlicherweise nicht wiedergewählt und damit faktisch abgesetzt. (Fröndhoff, Kort 2021) Dessen Nachfolger Bob Sternfels trat das Amt 2021 an; zwischenzeitlich schien es auch bei ihm so, als würde er nur eine Amtszeit absolvieren. 2024 wurde er erst im dritten Wahlgang als Global Managing Partner für eine zweite Wahlperiode bestätigt. (Foley 2024)

Zweitens ist die Reputation erneut belastet durch tatsächliche oder vermeintliche Beratungsaffären (siehe für eine Aufzählung und Einordnung Abschn. 3.3).

Drittens geschah all dies erneut vor dem Hintergrund starken Wachstums. In den Jahren von 2015 bis 2024 hat sich der Umsatz von 8,3 Mrd. US-Dollar auf rund 16 Mrd. US-Dollar erhöht und damit nahezu verdoppelt (Forbes 2025); seit 1996 hat er sich fast verachtfacht (Manager-Magazin 1998).

Das Verhaltensmuster von McKinsey aus den 1970er-Jahren scheint auch gegenwärtig wirksam zu sein. Zwar gibt es keine Hinweise auf eine neue Firmenbibel oder eine überarbeitete Version, aber einen KI-Assistenten mit dem Namen Marvinbot, der Bowers Überlegungen zur Unternehmenskultur noch einmal über einen anderen Weg zugänglich macht. Als Reaktion auf die Affären hat McKinsey zudem erneut Prozesse geschärft und sogenannte „risk and client protocols" etabliert, um künftiges Fehlverhalten zu vermeiden: „When partners want to bring on new clients, McKinsey now has a process by which it evaluates whether to take on the work." (Cutter, Ellis 2024)

Diese Prozessveränderungen gefielen offenbar nicht allen Partnern, die darin eine Einschränkung ihrer Autonomie sahen. Sternfels erhielt für den Umgang mit den Herausforderungen und die initiierten Veränderungen eine einschlägige Rückmeldung seiner Kolleginnen und Kollegen, indem sie ihm 2024 in den ersten beiden Wahlgängen ihre Unterstützung versagt haben. (Cutter, Ellis 2024)

Dass die verschärften Regelungen greifen, kann das Beispiel eines ehemaligen McKinsey-Partners illustrieren, von dem sich das Unternehmen bereits getrennt hatte, bevor der „Verdacht auf Kungelei" im Bundesinnenministerium öffentlich wurde. Der Spiegel schrieb Mitte 2024: „Der Top-Berater musste McKinsey im Jahr 2021 verlassen, seine Firma verlor den lukrativen Auftrag des Innenministeriums." (Becker, Rosenbach 2024, S. 28)

Im Rahmen des „client and engagement selection process" (McKinsey 2025f) werden nun einzelne Themen und Kundensektoren explizit ausgeschlossen; das Unternehmen bietet seine Beratungsleistungen damit wieder stärker fokussiert an. Zudem wird die Unabhängigkeit der Consultants stärker betont, um Interessenkonflikten vorzubeugen.

Die drei skizzierten Maßnahmen – Fokussierung der Beratungsarbeit auf den Kern, Betonung professioneller Unabhängigkeit sowie die Verbesserung der Kundenauswahl und interner Compliance-Regeln – ähneln stark denen, die bereits einige Jahrzehnte zuvor ergriffen wurden.

Ohne diese Musterbildung überdehnen zu wollen, aber mit einer Kombination aus Führungsherausforderungen, Reputationsproblemen und einem unklaren Tätigkeitsfeld sowie einer angespannten finanziellen Situation hatte McKinsey noch ein drittes Mal zu kämpfen.

Ende der 1930er-Jahre kam es erstens infolge der oben bereits skizzierten Unternehmenszusammenschlüsse und späteren Aufteilungen zu instabilen Managementstrukturen. Zweitens führte die Dualität von Wirtschaftsprüfungs- und Beratungsangeboten zu internen Spannungen und zur Gefahr von Interessenkonflikten. Drittens war die finanzielle Situation erneut unstet – wenn auch in anderer Ausprägung: Das Unternehmen war wirtschaftlich angeschlagen und konnte daher bei der Annahme von Aufträgen kaum selektiv vorgehen. (Bower 1979, S. 32–36, 40–43, 50)

Als vermutlich sichtbarstes Ergebnis des damaligen Problemlösungsprozesses kann eine kleine Broschüre mit dem Titel „Supplementing Successful Management" (McKinsey 1940) gelten. Sie richtete sich nach der Neuausrichtung der Führungsstruktur an externe Zielgruppen und sollte zur Neukundengewinnung und zum Umsatzwachstum beitragen. Hierbei handelte es sich zwar noch nicht um einen Text, dem der Status einer „Firmenbibel" (Marktanner 2022, S. 89) zugewiesen werden kann, aber ihr Erstellungsprozess setzte das vollständige Einvernehmen aller Partner über das Ergebnis voraus. Dabei gab es einen intensiven Diskurs über wesentliche interne Abläufe sowie das Selbstverständnis der Firma, in dessen Verlauf die professionelle Unabhängigkeit der Consultants herausgearbeitet wurde. (Bower 1979, S. 54–56)

Die Krisen erscheinen damit weniger als singuläre Ereignisse, sondern als wiederkehrende Konsolidierungsphasen einer stark wachsenden Professional Service Firm.

3.3 Schattenseiten: Skandale, Affären und Wachstumsschmerzen

Neben internen Führungsproblemen und Wachstumsschmerzen zeigen sich die Herausforderungen für McKinsey immer wieder auch in öffentlich wahrgenommenen Beratungsaffären.

Beratungsaffären und Skandale prägen zumindest teilweise den Blick auf die Beratungsbranche. Häufig werden die Begriffe Affäre und Skandal synonym genutzt. Sie lassen sich jedoch dahingehend unterscheiden, dass eine Affäre den (politischen, wirtschaftlichen etc.) Sachverhalt meint und mit dem Begriff Skandal die gesellschaftliche oder mediale Empörung über diesen Sachverhalt bezeichnet wird. Der vorliegende Text nutzt vornehmlich den Begriff der Affäre.

Ebenso scheint es manchmal so, als wäre das Unternehmen McKinsey vergleichsweise häufig an Affären beteiligt. Möglicherweise wird der prominente Name jedoch häufiger recherchiert und dann als Chiffre für das Verhalten einer größeren Zahl von Branchenvertretern genutzt. Ungeachtet dieser potenziellen Einschränkung taucht der Name McKinsey in einer Reihe von Affären auf. Als Hintergrund lässt sich notieren, dass das Unternehmen einen starken Umsatzanstieg verzeichnete. Dies hat offenbar zu sogenannten Wachstumsschmerzen geführt, die dann in Form von Fehlentwicklungen und Affären sichtbar wurden.

Es überrascht daher nicht, dass McKinsey in mehreren prominenten Fällen genannt wird. Im deutschsprachigen Raum ist die Nennung im Zusammenhang mit der Beratungsaffäre im Verteidigungsministerium unter Ministerin Ursula von der Leyen dabei nur eine – wenn auch prominente – Episode. (Deelmann 2021) Kritisch diskutiert wurde etwa das sogenannte Gazprom-Leak, also der Vorwurf, McKinsey habe das russische Unternehmen dabei unterstützt, Deutschland stärker abhängig von russischem Gas zu machen. (Wehmeyer, Kaleta 2022) In Südafrika sah sich das Unternehmen mit Korruptionsvorwürfen konfrontiert (Neuscheler 2024; Thompson 2024; McKinsey 2024a), und auch die Unterstützung des US-amerikanischen Pharmaunternehmens Purdue Pharma bei der Vermarktung von Opioiden – und damit bei der Verschärfung der Opioidkrise – brachte erhebliche Kritik sowie hohe Vergleichszahlungen mit sich (Neuscheler 2019a, 2019b, 2023). Hinzu kommen Vorwürfe zu Interessenkonflikten, etwa bei der Beratung der US-amerikanischen Food and Drug Administration (FDA) als Aufsichtsbehörde einerseits und von Purdue Pharma sowie Johnson & Johnson als beaufsichtigten Unternehmen andererseits (Aranti 2024; MacDougall 2021) oder bei der gleichzeitigen Beratung US-amerikanischer und chinesischer Regierungsstellen (Hawley 2024). Aber nicht nur das Verhalten von Personen, auch die technische Infrastruktur kann zum Auslöser von Affären werden. Im März 2026 wurde bekannt, dass ein KI-Agent des Unternehmens Codewall McKinseys KI-System Lilli gehackt und kurzzeitig Zugang zu 46,5 Mio. Chat-Nachrichten, 788.000 Dateien und 94.000 Arbeitsbereichen erhalten hatte. (Codewall 2026).

Ausführlich mit tatsächlichen und zugeschriebenen Verfehlungen von McKinsey beschäftigen sich die beiden Investigativjournalisten der New York Times, Bogdanich und Forsythe (2022). Sie stellen mit ihrem „Schwarzbuch" eine umfangreiche Fallsammlung zusammen und zeichnen detailliert nach, für welche Handlungen McKinseys Kunden von der Öffentlichkeit zum Teil massiv kritisiert werden. Beispiele sind eine vernachlässigte Wartung von Fahrgeschäften in einem Disney-Vergnügungspark, die zu Unfällen führte, Verzögerung der Auszahlungen von Versicherungsleistungen durch den National Health Service in Großbritannien oder massive Gesundheitsschädigungen (Tabakindustrie). Bei der Lektüre entsteht leicht der Eindruck, die Beratungsprojekte seien unmittelbar ursächlich für die Affären. Erst beim genaueren Hinsehen ist zu erkennen, dass die Autoren oft direkte Verbindungslinien von McKinseys Arbeit zu den teilweise desaströsen Ereignissen relativieren. Sie bleiben hierfür in einigen Passagen vage, schränken Ausführungen subtil ein oder nehmen ihren Formulierungen durch eingefügte Gegenreden die Schärfe. (Deelmann 2022b)

McKinsey reagiert auf die Affären und die Kritik unter anderem mit Anpassungen seiner internen Prozesse, verstärkt Richtlinien und die Überwachung ihrer Einhaltung: „Raising the bar on responsible practices – McKinsey introduces a new client selection policy, the most rigorous in the profession. Backed by investments begun in 2018 – now totaling roughly $ 1 billion – it strengthens and expands the firm's global risk, legal, and compliance teams.“ (McKinsey 2025c) Deutlich detaillierter wird McKinsey (2025f) an anderer Stelle, wenn dort der Prozess zur Auswahl von Kunden und Projekten sowie das Vorgehen, um (Interessen-) Konflikte zu vermeiden bzw. mit diesen umzugehen, beschrieben wird. Dass diese internen Kontrollprozesse greifen, mag der Umgang mit einem hochrangigen Consultant im Rahmen des bereits erwähnten „Verdachts auf Kungelei im Bundesinnenministerium“ (Becker, Rosenbach 2024; spätere Zusammenfassung der gesamten Affäre bei (Deelmann 2024) und eine detaillierte Fallbesprechung bei (Deelmann 2026b)) zeigen: „Dem Spitzenbeamten von Ministerin Nancy Faeser (SPD) wird vorgeworfen, eine zu große Nähe zu einem Senior Partner von McKinsey gehabt zu haben. Auch der Beratung selber war wohl etwas an der Arbeit ihres Mitarbeiters nicht geheuer. Nach einer internen Compliance-Untersuchung hat sich das Unternehmen von ihm getrennt.“

Die herausgehobene Marktposition und die öffentlich wahrgenommene Haltung mögen Gründe sein, warum der Name McKinsey im Kontext von vielen der an die Öffentlichkeit gelangten Beratungsaffären auftaucht. Das Unternehmen ist eine der bekanntesten, größten und reputationsstärksten Beratungen, die sich auf die Arbeit mit dem Top-Management der Kunden spezialisiert hat. Diese Kombination zieht das Interesse für Recherchen an und begünstigt eine kritische Berichterstattung.

Die bekannten Fälle stellen keine vollständige Übersicht von vermutetem, tatsächlichem oder zugeschriebenem Fehlverhalten dar. Ebenso bedeuten sie nicht, dass alle McKinsey-Mitarbeiterinnen und -Mitarbeiter immer regel- oder gar gesetzeswidrig handeln. Auch soll die Nichtnennung anderer Beratungen nicht bedeuten, dort wäre immer alles im sprichwörtlichen grünen Bereich – zumal der Übergang von normalem zu übertriebenem Geschäftssinn und von dort zu Fehlverhalten oft fließend ist.

3.4 Exkurs: Sieben Tipps zur Vermeidung von Affären

Affärenauslösendes Fehlverhalten scheint teilweise auf Berater- und teilweise auf Kundenseite zu liegen. In manchen Fällen ist Beratung lediglich ein Teil einer größeren medialen Berichterstattung und wird besonders hervorgehoben. Einige Affären enden mit Rücktritten, andere mit Prozessen zur Aufarbeitung und wieder andere werden gerichtlich behandelt. In allen Fällen entsteht aber ein Schaden, finanziell oder an der Reputation.

Zur Vermeidung können Consultants einige grundlegende Prinzipien beachten. Drei werden im Folgenden kurz vorgestellt. Erstens sollten sie keine Aufträge um jeden Preis akquirieren und nicht jeder potenzielle Auftrag muss angenommen werden. Beispielsweise sind Interessenkonflikte zu vermeiden. Interne Steuerungsmechanismen – etwa Bonuszahlungen für Vertriebs- oder Projektleistungen – sind ein guter Ansatzpunkt, um systemische Konflikte zu reduzieren. Dann gilt es, mit einem ausgewogenen Maß an Risikobereitschaft zu arbeiten. Nicht wenige Consultants tendieren dazu, ihre eigenen Möglichkeiten systematisch zu überschätzen. Sie sollten daher weder übermütig mit Blick auf die eigenen Möglichkeiten werden, noch ihren Kunden überambitionierte Entwicklungen zumuten. Ein mutiges Projektvorgehen darf dennoch erwartet werden, um beispielsweise Neuland zu betreten, ebenso wie Respekt vor den bisherigen Leistungen bzw. der bisherigen Arbeit ihrer Auftraggeberinnen. Und schließlich mag es langfristig klug sein, den Kunden zur eigenständigen Problemlösung zu befähigen. Viele Kunden sind im Vergleich zu den Consultants unerfahren in der Beratungsprojektarbeit. Diese Asymmetrie sollten Berater nicht einseitig ausnutzen, sondern den Kunden anleiten und ihm im Zweifel die Mechanismen hinter Beratungsprojekten und dem Consulting-Geschäftsmodell erklären. Dies bildet eine gute Grundlage, um unliebsame Überraschungen zu vermeiden und eine langfristige Arbeitsbeziehung zu etablieren.

Auch Auftraggeber können aktiv zur Prävention beitragen und drei Dinge berücksichtigen. Hilfreich ist es, Regeln aufzustellen. Der Umgang mit Beratungsleistungen führt in der Praxis wiederholt zu Problemen. Einige relevante Rahmeninformationen und Verhaltensweisen für die eigene Organisation zu formulieren, kann allen Beteiligten Sicherheit geben und ihnen Leitplanken bieten. Wenige Regeln und Festlegungen können genügen (zum Beispiel: Was ist Beratung? Wer macht was? Was wird wann wie wo dokumentiert?) und sie müssen auch nicht besonders ausgefallen oder kompliziert formuliert werden. Diese Regeln sind, zweitens, auch einzuhalten. Dies mag trivial erscheinen – wird aber leider oft nicht befolgt. Unternehmensleitungen erwarten die Regeleinhaltung manchmal auch nur von anderen, werfen Regeln bei eigenen Interessen aber gerne über Bord. Dies sollte jedoch vermieden werden. „Der Chef will es!" oder „Es muss schnell gehen!" sind keine Ausreden für das Umgehen oder Brechen von Regeln. Und zuletzt sind sogenannte Alleingänge problematisch und daher zu unterlassen. Ein gemeinsames Handeln von beispielsweise Fachseite und Einkaufsabteilung bei der Beratungsauswahl, -steuerung und -bewertung führt nicht nur dazu, dass ein Vier-Augen-Prinzip eingehalten wird. Die Teamarbeit wirkt auch als Korrektiv, unterstützt ausbalancierte Entscheidungen und vergrößert die Know-how-Basis.

Ein weiterer Grundsatz betrifft Consultants und Kunden gleichermaßen. Beide Seiten sollten eine Art „goldene Regel" berücksichtigen, also nichts machen, von dem sie nicht möchten, dass es kurze Zeit später in sozialen Netzwerken verbreitet wird oder am nächsten Tag in der Zeitung steht.

Diese Punkte sind nicht komplex und sie bieten auch keine Garantie, dass es nicht zu Affären kommt. Aber die schwerwiegendsten Fehler bei einigen der in den vergangenen Jahren bekannt gewordenen Affären hätten sich bei der Beachtung dieser Hinweise leicht vermeiden lassen.

McKinsey als Vorbild, Taktgeber und Orientierungsgröße

4

4.1 Ausgewählte Einflüsse auf die Beratungsbranche

Der Einfluss McKinseys lässt sich auf drei Ebenen beobachten: innerhalb der Beratungsbranche, in den Kundenorganisationen sowie im breiteren betriebswirtschaftlichen und gesellschaftlichen Diskurs.

Die Gründung der Beratungsbranche kann zwar McKinsey nicht zugeschrieben werden (siehe oben, Abschn. 1.3), allerdings hat das Unternehmen das Feld der Managementberatung entwickelt, wichtige Impulse gegeben sowie Arbeitsweisen etabliert und gestaltet, die nicht nur für die eigene Arbeit prägend waren, sondern von vielen anderen Consulting-Unternehmen übernommen wurden.

Als Beispiel lässt sich der von James O. McKinsey entwickelte „General Survey Outline" (GSO) nennen, eine frühe, umfangreiche, etwa 30-seitige Anleitung für die Sammlung von Informationen beim Start neuer Consulting-Aufträge. (McDonald 2013; Bower 1979, S. 15; Niedereichholz, Niedereichholz 2006, S. 274-307) Seither beginnen viele Beraterinnen und Berater ihre Projekte mit einer umfassenden Analysephase und starten nicht unmittelbar mit Lösungsvorschlägen für die Probleme ihrer Kunden.

Neben methodischen Ansätzen beeinflusste McKinsey auch Personal- und Karrieremodelle der Branche. Unter Marvin Bower hat McKinsey mit der Tradition gebrochen, vornehmlich berufserfahrene Manager als Consultants einzustellen, und stattdessen auf leistungsstarke, in ihrer Arbeitsweise noch formbare Hochschulabsolventen zurückgegriffen. (Bower 1979, S. 178) Heute gilt dies noch für knapp die Hälfte der Neueinstellungen. (McKinsey 2016, S. 18) Eine ver-

T. Deelmann, *McKinsey – Ein Jahrhundert Managementberatung*, essentials, https://doi.org/10.1007/978-3-658-52237-7_4

gleichsweise große Zahl an Mitarbeitenden im sogenannten Backoffice sorgt dafür, dass die Beraterinnen und Berater sich rein auf ihre Kernaufgaben konzentrieren und diese erledigen können.

Die Karrieren der Einsteiger in der Beratung werden dann mithilfe des sogenannten „Up-or-out"-Prinzips strukturiert (Bower 1979, S. 222–224), wenn nur die leistungsstärksten Mitarbeitenden im Rahmen eines strikt vorgezeichneten Karrierepfades von einer Hierarchiestufe in die nächste aufsteigen, weniger erfolgreiche Consultants jedoch das Unternehmen verlassen, was euphemistisch als „Weiterentwicklung außerhalb der Beratung" bezeichnet wird (Deelmann, Krämer 2020, S. 72–81; Deelmann 2023b, S. 192–197). Dieses auch Cravath-Prinzip genannte Vorgehen wurde von der Anwaltskanzlei Cravath, Swaine & Moore entwickelt und dann von Bower zunächst auf McKinsey übertragen, bevor es von anderen Branchenmitgliedern übernommen wurde. (McDonald 2015, S. 84) In Beratungsunternehmen sind Erfolgskriterien für untere Karrierestufen häufig die Kundenzufriedenheit und Auslastung, die dann für spätere Karrierestufen um interne Leistungsziele und vor allem um Vertriebserfolge ergänzt werden.

4.2 Ausgewählte Einflüsse auf Kundenunternehmen

Auch Kundenunternehmen haben eine Reihe von Konzepten übernommen und in ihre Managementpraxis einfließen lassen. Das Up-or-Out-Prinzip findet zwar seltener Anwendung, den Nutzen von Alumni-Netzwerken hat aber nicht nur McKinsey erkannt, wie Umoh (2025) für das Beratungsunternehmen nachzeichnet. Schätzungen zufolge sind dem Unternehmen rund 65.000 Alumni verbunden. Einige von ihnen haben selbst Unternehmensberatungen gegründet, andere haben außerhalb der Branche Karriere gemacht, in Deutschland etwa Oliver Bäte (Vorstandsvorsitzender der Allianz SE), Leonard Birnbaum (Vorstandsvorsitzender der E.ON SE), Markus Krebber (Vorstandsvorsitzender der RWE AG), Tobias Meyer (Vorstandsvorsitzender der Deutschen Post AG), Claudia Nemat (bis September 2025 Vorständin der Deutschen Telekom AG) und Katrin Suder (Aufsichtsratsvorsitzende der Deutschen Post AG, ehemalige Staatssekretärin im Verteidigungsministerium). (Umoh 2025; DHL 2025; Deutsche Telekom 2025) Dieses Alumni-Netzwerk bietet in Verbindung mit hohen Honoraren, Verschwiegenheit und einem elitären Auftreten eine Projektionsfläche für zahlreiche Spekulationen. Ein Beispiel dafür findet sich im Manager-Magazin: „McKinsey unterhält ein globales Netz aus ehemaligen Mitarbeitern – und wird langsam unheimlich. Die Berater-Alumni sitzen in den Schaltzentralen von Unternehmen und Politik, bewegen Milliarden, steuern ganze Volkswirtschaften." (Freitag, Student 2012) Auch andere

Organisationen überführen das Konzept in die eigene Praxis. (Breuer 2011, insb. S. 186–191)

Die Divisionalisierung (sogenannte M-Form) ist eine verbreitete Organisationsstruktur, die ursprünglich in großen US-Konzernen wie General Motors entwickelt wurde und bei deren Implementierung insbesondere in den 1970er- und 1980er-Jahren viele europäische Unternehmen die Hilfe von McKinsey in Anspruch genommen haben.

Die Gemeinkostenwertanalyse (GWA) ist eines der Werkzeuge, mit denen die Consultants von McKinsey ihren Kunden geholfen haben, Kosten zu reduzieren und Personal einzusparen – ein Reputationsmerkmal, das McKinsey bis heute zugeschrieben wird – und dessen Grundideen auch gegenwärtig in vielen Controlling- und Budgetierungsprozessen präsent sind, wenn das Ziel verfolgt wird, die Wertschöpfung zu optimieren. (Gutzler 1992; Vogt, Weber 2018)

Schließlich kann auch das von Tom Peters und Robert H. Watermann entwickelte 7-S-Modell genannt werden. Unter dem Titel „In Search of Excellence" hat es große Bucherfolge gefeiert, als Untersuchungs- und Gestaltungsrahmen bilden die sieben Faktoren – alle mit dem Buchstaben S beginnend, wie Strategie, Struktur oder Stammpersonal – ein einfaches und verbreitetes Managementwerkzeug, das darauf abzielt, nicht nur die Aufbauorganisation eines Unternehmens zu fokussieren, sondern eine Vielzahl von interdependenten Facetten zu betrachten, die maßgeblich von der Organisationskultur beeinflusst werden und auch diese beeinflussen. (Peters, Waterman 2015, insb. S. 10)

4.3 Ausgewählte Einflüsse auf Wirtschaft und Gesellschaft

Neben dem Einfluss auf die Branche und die Kundenorganisationen haben Beraterinnen und Berater von McKinsey mit ihren Ideen auch das betriebswirtschaftliche und manageriale Handeln (O'Mahoney, Sturdy 2016) sowie die gegenwärtige wirtschaftswissenschaftliche Hochschulausbildung beeinflusst – oftmals ohne, dass dies den betroffenen Personen oder Personenkreisen besonders bewusst wird, da die Konzepte im Zeitverlauf in kollektive Handlungsmuster eingeflossen sind. Erläuterungen finden sich etwa bei Bhide (1993, 1995, 1996) oder Deelmann (2025a, S. 250–252)

So ist es mittlerweile üblich, dass das Gehalt von Führungskräften auch von Bonusplänen und Aktienoptionen bestimmt wird. Arch Patton (1908 bis 1996) – der auch die Einführung des Magazins „McKinsey Quarterly" verantwortete (Bower 1979, S. 138), das der Harvard Business Review nachempfunden sein soll – hatte es in den 1950er-Jahren vergleichsweise leicht, Manager in Kundenunternehmen von den Chancen dieser Vergütungskomponente zu überzeugen. (New York Times 1996; Bogdanich, Forsythe 2022, S. 56–60) Die Idee fand schnell viele Anhänger und ist heute in Theorie und Praxis, in Forschung und Lehre präsent, wie sich etwa bei Edmans, Gabaix, Jenter (2017) oder bei J.P. Morgan (2025), Korn Ferry (2025) und Allianz (2025) beobachten lässt.

Barbara Minto und Gene Zelazny haben die Kommunikation auf den Führungsetagen vieler Organisationen nachhaltig beeinflusst. Zelazny (1934 bis 2023) hat als langjähriger Direktor für Visuelle Kommunikation die Gestaltung von Geschäftsgrafiken, den sogenannten Charts, geprägt. (McKinsey 2023a; Legacy 2023) Minto wiederum hat bei McKinsey ein Kommunikationskonzept für die Strukturierung von Berichten, Memos und Präsentationen vorgestellt und darauf ihre spätere Beratungstätigkeit aufgebaut. (McKinsey 2025d; Minto Books 2025) Ihre Bücher „Say it with charts“ beziehungsweise „The pyramid principle“ gelten als Klassiker. (McDonald 2015, S. 123; Schulz 2019, 2024)

Die Idee, dass Geschlechterdiversität in den Führungsetagen zum unternehmerischen Erfolg beiträgt, propagiert McKinsey seit 2007 mit Studien wie „Woman Matter“ und „Diversity Wins“. (McKinsey 2017; 2024b, 2025a) Die Idee wird zwar gegenwärtig politisch und ideologisch kritisiert (Barth 2025) und das Studiendesign beanstandet (Plickert 2024), wird aber von McKinsey mit dem Ansatz der „diverse meritocracy“ selbst weiter verfolgt (Choudhury, Bainbridge 2025) und hat auch Eingang in etwa den Deutschen Corporate Governance Kodex sowie breite Anwendung in der betrieblichen Praxis gefunden (Regierungskommission Deutscher Corporate Governance Kodex 2022; Charta der Vielfalt 2020).

Gegenwart und Zukunft 5

5.1 Zahlen, Daten, Fakten

McKinsey zeigt sich, wie bereits angedeutet, zurückhaltend mit Blick auf die Kommunikation von konkreten Zahlen zur Personal- und Geschäftsentwicklung. Angaben finden sich lediglich verstreut und liegen häufig nur in gerundeter Form vor, etwa die der 40.000 Beschäftigen, die Sternfels (2026) für vermutlich Ende 2025 nennt. Abb. 5.1 versammelt vorhandene Daten und stellt sie in umgekehrt chronologischer Reihenfolge dar. Von Interesse sind dabei sowohl Umsatzangaben als auch die Zahl der Mitarbeitenden. Bei ihnen kann zudem die Teilgruppe der Beraterinnen und Berater identifiziert werden. Bei den Zahlen zu Mitarbeitenden ist häufig nicht bekannt, ob beschäftigte Personen oder Vollzeitäquivalente gemeint sind. Insbesondere in jüngeren Quellen sind die Daten häufig mit Approximationsadverbien markiert. Eine erweiterte Datensammlung, in der die Zahl der Mitarbeitenden soweit möglich weiter in Partner, übrige Consultants und weitere Beschäftigte aufgeteilt wird, Mitarbeiterangaben auch für Deutschland notiert werden und Daten über die Zahl der Alumni enthalten sind, findet sich bei Deelmann (2026d).

T. Deelmann, *McKinsey – Ein Jahrhundert Managementberatung*, essentials, https://doi.org/10.1007/978-3-658-52237-7_5

Jahr	Umsatz (in Mio. US-Dollar)	davon: Umsatz in DE (Mio. Euro)	Mitarbeitende	davon: Beratung
2025			40.000	
2024	16.200		40.000	26.667
2023	16.000		45.100	
2022	15.000		45.000	
2021	15.000		38.000	20.000
2020	12.000		34.000	
2019	10.600		30.000	
2018	10.800		30.000	
2017	10.500			
2016	10.000		20.000	
2015	8.500		20.000	9.700
2014	8.400		19.000	9.600
2013	7.041		19.000	
2012	7.800			
2011	7.000			
2009			17.000	
2008	6.000	645		
2007		630		
2006		600	11.000	
2005	3.800			
2003	3.000			
2002	3.000	580		7.000
2001	3.400	605		
1998				4.500
1997		336		
1996	2.100			
1995				3.817
1994	1.500			3.334
1993	1.200			3.122
1992	1.200			2.875
1991	1.000			
1990				2.465
1989	635			2.029
1988	620			
1987	500			1.300
1985	350			1.248
1983			1.500	744
1980				744
1979				600
1975				532
1972	45			650
1971				650
1970				537
1967	21,0			390
1966	16,4			381
1965	13,5			296
1964	11,0			256
1963	8,8			241
1962	8,5			217
1961	7,6			191
1960	6,7			180
1959	5,7			159
1958	5,0			136
1957	4,9			127
1956	3,3			115
1955	3,2			103
1954				100
1953				97
1952				95
1951				88
1950	2,0			84
1949				72
1944	0,98			
1943	0,57			
1942	0,42			
1941	0,32			
1940	0,28			
1939				22
1936			25	
1935				7
1933			15	
1926			1	1

Hinweise:

Genaue Daten werden in den Quellen nicht genannt, sondern vielmehr mit "rund", "circa", "knapp" etc. markiert. Typischerweise notieren die Quellen nicht, ob die Anzahl der Personen oder Vollzeitäquivalente gemeint sind. DM-Angaben wurden mit dem Wechselkurs 1 EUR = 1,95583 DM in Euro umgerechnet.

5.2 Geschäftsmodell und Motivation

Das Consulting-Geschäftsmodell beschreibt, wie eine Beratung operativ arbeitet und womit sie regelmäßig ihr Geld verdient. Genau wie die oben schon eingeführte Definition kann auch das Geschäftsmodell detailliert und facettenreich beschrieben werden – oder es wird wieder kurz und skizzenhaft vorgestellt. Letzteres lässt sich mithilfe des heuristischen Modells der „drei K" abbilden: Kompetenzen, Kunden und Kompensation. Die drei Elemente stellen analytische Dimensionen dar und müssen aufeinander abgestimmt werden. Berater verfügen typischerweise über bestimmte Kompetenzen. Das kann fachliche Expertise im Projektmanagement sein oder auf dem Gebiet der künstlichen Intelligenz, Branchenkenntnisse über den öffentlichen Sektor allgemein oder bei speziellen Fachverfahren für das Hochbauwesen, eine besondere Interview- oder Moderationstechnik oder andere spezifische Kompetenzen. Für diese Fähigkeiten gilt es jetzt, Kunden zu suchen, zu begeistern und zur Beauftragung zu überzeugen. Kunden sind dabei Unternehmen oder Verwaltungen, große oder kleine Behörden, Betriebsräte oder Vorstände. Schließlich muss noch die Kompensation für die Bereitstellung der Kompetenz dem Kunden gegenüber vereinbart werden. Hier geht es neben der Höhe des Honorars auch um die Abrechnungsbasis, die Zahlungsziele, den Umgang mit Reise- und Nebenkosten et cetera. Kunden haben typischerweise eine unterschiedliche Zahlungsbereitschaft für differierende Kompetenzen. Und auch eine Kompetenz kann bei unterschiedlichen Kunden verschieden hoch kompensiert werden. (Deelmann 2023b, S. 28–29)

Für seltene Kompetenzen besteht häufig eine hohe Zahlungsbereitschaft – allerdings gibt es dafür auch nur wenige Kunden. Andererseits gibt es vergleichsweise verbreitete Kompetenzen, die auch in vielen Situationen nachgefragt werden – für die dann aber nur eine geringe Zahlungsbereitschaft vorhanden ist. Das Geschäftsmodell von McKinsey kann nun, wenn man den Versuch unternimmt, das gesamte

Abb. 5.1 Ausgewählte Angaben zu Umsätzen und Mitarbeitenden (eigene Zusammenstellung mit Daten von Balzer, Student 2002, S. 54; Bartlett 2000, S. 15; Bhide 1993, S. 28, 1994, S. 1, 28; Bower 1979, S. 12–13, 24, 50, 53, 57, 59, 60, 263; Economist 2019, S. 62; Eglau 1983; Fasse et al. 2014, S. 1; Kennedy Intelligence 2025; Kewes 2023, S. 1, 20–21, 2025; Leif 2006, S. 19, 98; Löhr 2014, S. C1; Lünendonk 2003, 2009, 2015; Manager-Magazin 1998; McDonald 2015, S. 87–88, 96, 102, 127, 158–159, 164, 203, 219, 222, 267, 270, 295, 303, 310; McKenna 2006, S. 19, 149, 156–157, 169; McKinsey 2013a, 2014, S. 1, 2016, 2018, 2019, 2020b, S. 3, 2021, S. 4, 2022, S. 5, 2023c, S. 5; Steppan 2003, S. 55; Student 2021; Time 1973; Welp, Kamp 2015, S. 53)

Unternehmen vereinfachend zu betrachten, so entlang der „drei K" beschrieben werden, dass eine Kompetenz darin besteht, Kundenorganisationen ganzheitlich unter Einsatz der eigenen Reputation zu beraten, wobei als individuelle Auftraggeber das (Top-)Management adressiert wird, das wiederum eine hohe Zahlungsbereitschaft für gerade dieses Beratungsangebot hat.

Beratungsunternehmen bedienen sich häufig drei verschiedener Rollen, die als Teil eines gemeinsamen Karrieremodells ineinandergreifen. Auf den unteren Karrierestufen übernehmen Consultants die operative Arbeit im Projekt. Managerinnen und Manager verantworten und steuern diese Projektarbeit und sie sind auf den mittleren Hierarchiestufen angekommen. In der Personalpyramide ganz oben finden sich die Partner, die für die Unternehmenssteuerung und die Geschäftsentwicklung, i. e. Vertrieb, verantwortlich sind. Die Form dieser Pyramide – also das Verhältnis von Partnern zu den übrigen beratenden Mitarbeitenden, der sogenannte Hebel – wird durch die typischerweise ausgeführten Projekte bestimmt. Beratungsunternehmen mit vielen strategischen Projekten haben eine eher spitze, Häuser mit vielen Implementierungsprojekten eine eher flache Pyramide.

McKinsey ist, das haben die Zahlen oben zum Ausdruck gebracht, in den vergangenen Jahren deutlich gewachsen. Dies ist jedoch kein Alleinstellungsmerkmal in der Branche. Wachstum meint dabei im Consulting-Kontext zunächst einen Anstieg der Beschäftigtenzahl. Oft ist damit ein Anstieg von Umsatz und Gewinn verknüpft. An dieses Wachstum haben sich alle Beteiligten seit vielen Jahren gewöhnt und in den Augen vieler Consultants könnte sich diese Entwicklung dauerhaft fortsetzen. Dabei wird jedoch häufig übersehen, dass es auch so weitergehen muss.

Der Grund dafür ist relativ einfach: Das Geschäftsmodell vieler Beratungen basiert nämlich auf Wachstum und kann im Kern und metaphorisch als eine „Hoffnungsmaschine" beschrieben werden. Die Partner hoffen als Gesellschafter auf Wachstum, um ihre Unternehmensanteile mit Gewinn weiterverkaufen und dadurch ihre Altersvorsorge sichern zu können. Auf mittleren Karrierestufen hoffen Projektmanager als erfahrene Berater auf eine Chance, in die Partnerschaft aufgenommen und so für ihre Leistungen belohnt zu werden. Und junge Consultants hoffen als Berufseinsteiger auf wertvolle Erfahrungen und eine attraktive Karriere.

Um diese Hoffnungen nicht zu zerstören, muss die von einem Beratungsunternehmen individuell gefundene Personalpyramide aufrechterhalten werden. Dies gelingt typischerweise über das oben schon vorgestellte Up-or-Out-Modell. Dieses System ist fein austariert und Teil eines engen Geflechts aus Karrierepfaden, Honorarsätzen, Gehältern und Projekttypen. Damit das Prinzip Hoffnung in der Branche weiterhin Bestand hat, muss sie weiterhin wachsen. Hier kann sogar ein Wachstumszwang konstatiert werden. Dieser Zwang wird regelmäßig sichtbar, wenn einschlägige Pressemitteilungen und Berichte publiziert werden. Dort heißt es dann etwa, dass eine Beratung „in den kommenden zwölf Monaten mehrere hundert Beraterinnen und Berater einstellen" will. Das klingt gut und dynamisch, ist aber primär eine strukturelle Notwendigkeit und weniger Ausdruck von überdurchschnittlicher wirtschaftlicher Stärke. (Deelmann 2022c, 2023b, S. 175–176)

5.3 Einsatz von oder Ersatz durch Künstliche Intelligenz

Vor dem Hintergrund dieses wachstumsbasierten Geschäftsmodells stellt sich die Frage, welche Auswirkungen neue Technologien – insbesondere Künstliche Intelligenz – auf die Branche haben könnten. KI und Consulting haben an mindestens drei Stellen intensive Berührungspunkte. KI als Beratungsthema, Auswirkungen von KI auf die beratungsinternen, eher kundenfernen Prozesse sowie die möglichen Veränderungen am Consulting-Geschäftsmodell durch KI. Für eine längerfristige Betrachtung scheinen die zweite und insbesondere die dritte Perspektive interessant zu sein.

Bei McKinsey erfolgt eine intensive interne Nutzung seit 2023 mithilfe von Lilli. (McKinsey 2023b) Dies ist der Name einer generativen KI, die nach der ersten Mitarbeiterin bei McKinsey benannt ist. Lillian Dombrowski wurde 1945 in New York als Buchhalterin eingestellt und hat später als Controllerin, Corporate Secretary und Archivarin gearbeitet. (McKinsey 2020a)

Die KI-Lilli kann für unterschiedliche Zwecke beziehungsweise Fragestellungen herangezogen werden. Dafür werden verschieden klassifizierte Daten und Informationen für das Training der KI bereitgestellt. Dies sind, erstens, allgemein verfügbare Datenquellen, wie man sie etwa auch bei anderen Chatbots findet, zweitens, McKinsey-eigener Input und schließlich, drittens, kundenspezifische Daten. Durch diese Kapselung lässt sich die Vertraulichkeit von Kundendaten etc. gewährleisten und trotzdem eine umfangreiche KI-Nutzung ermöglichen. Der Einsatz von Lilli soll in fast jedem Schritt der Zusammenarbeit zwischen Consultants und Kunden erfolgen können, von der reinen Informationssammlung etwa zu Kundenbranchen oder Wettbewerbern bis hin zur Formulierung von Implementierungsplänen. Bereits in der Beta-Phase mit 7000 Testerinnen und Testern zeigte sich: „[Lilli] has already cut down the time spent on research and planning work from weeks to hours, and in other cases, hours to minutes." (Frantzen 2023)

Rund zweieinhalb Jahre nach der Einführung von Lilli zeigt sich der CEO Bob Sternfels zufrieden mit der Annahme und Nutzung sowie mit den seither entstandenen neuen Möglichkeiten, etwa durch die Nutzung von Agenten, also Softwaresystemen, die KI nutzen, um für ihre Nutzer Ziele zu verfolgen und zu deren

Erreichung zu Aufgaben erledigen. Sternfels sagt in einem Anfang 2026 veröffentlichten Interview, das er auf die Frage nach der Größe von McKinsey mittlerweile antworte, McKinsey hätte 60.000 Mitarbeitende – 40.000 Menschen und 20.000 KI-Agenten. Die Auswirkungen des KI-Einsatzes zeigten sich unter anderem darin, dass die (menschlichen) McKinsey-Consultants zunehmend Aufgaben übernehmen, die höherwertiger beziehungsweise komplizierter und stärker miteinander verknüpft sind. (Sternfels 2026)

Eine weiterführende und nachdenkliche Perspektive über die Entwicklungen in der Branche beziehungsweise innerhalb der einzelnen Beratungen stammt von Alex Singla, dem Global Leader von QuantumBlack und McKinseys KI-Chef. Er „äußert eine gewisse Sorge, dass das Überspringen des zeitaufwendigen Prozesses des Lesens und Durchdringens von Rohinformationen langfristig die Fähigkeit beeinträchtigen könnte, komplexe Daten zu synthetisieren – eine Kompetenz, die wie er sagt, ‚Menschen erst erlernen müssen und die eine zentrale Stärke von Managementberaterinnen und -beratern darstellt'." (Cao 2023; Übersetzung d. Verf.)

Eine weitere Herausforderung für das Beratungsgeschäftsmodell von McKinsey im Speziellen und von der Branche im Allgemeinen, die durch die Nutzung von KI-Systemen ausgeht, könnte im Zusammenhang mit dem sogenannten Jevons-Paradoxon stehen. Laut diesem wird die durch eine schnellere Aufgabenerledigung gewonnene Zeit durch mehrfache Aufgabenwiederholung wieder aufgebraucht. So wird etwa nicht nur eine Textpassage, ein Brainstorming oder eine Präsentationsfolie mithilfe von KI in einem Bruchteil der Zeit produziert, die ein menschlicher Consultant benötigt hätte, sondern es werden eine Vielzahl von Varianten der Textpassage, des Brainstormings oder der Präsentationsfolie produziert, die sich dann typischerweise nur marginal voneinander unterscheiden und zwar die Auswahlmöglichkeiten sowie den Optionenraum vergrößern, aber eben die Effizienz nicht steigern.

Für den Fall, dass das Jevons-Paradoxon nicht zuschlägt und größere Teile der Arbeit dank Lilli (oder anderen KI-Systemen in anderen Beratungen) in einem Bruchteil der bisher notwendigen Zeit erledigt werden können, stehen Fragen im Raum, wie zum Beispiel: Was geschieht mit dieser frei gewordenen Zeit? Welche weiteren Auswirkungen ergeben sich? Wer profitiert wie davon? An dieser Stelle entsteht eine „KI-Dividende" – als Produktivitätsgewinn durch KI –, die wiederum verteilt werden will.

Hier gibt es mindestens drei Möglichkeiten. Zunächst und vereinfacht gesprochen könnten Projekte nun schneller bearbeitet und beendet werden. Dies hätte größere Auswirkungen auf das notwendige Personalgerüst, die interne Finanzstruktur und damit das Geschäftsmodell der Beratungen zur Folge. Zweitens könnten Projekte aber auch inhaltlich ausgedehnt werden, um das nun freigewordene Budget des Kunden auszuschöpfen; wobei sich zumindest in einigen Fällen die Frage stellt, welche „Zusatzleistungen" jetzt als unabdingbar angepriesen und verkauft werden, die bisher weniger wichtig erschienen und „out-of-scope" waren. Schließlich könnte die Projektstruktur im Wesentlichen unverändert bleiben, weil etwa die Kunden die KI-induzierten Veränderungen nicht im notwendigen Umfang nachvollziehen können und nicht entsprechend reagieren. Dieser Fall ist für die Beratung profitabler. Eine Vermengung aller drei Fälle ist ebenfalls denkbar. (Deelmann 2023c, d)

Abschluss: McKinsey & die neue alte Rolle von Beratungen 6

6.1 Rückblick und Ausblick: Was macht Beratung?

Zuvor wurde die Frage, was Beratung ist beziehungsweise wie eine Definition lauten kann, pragmatisch knapp mit „professionelle Organisationsveränderungsbegleitung“ beantwortet (siehe Abschn. 1.3). Im Folgenden wird diese Frage zur Formulierung „Was macht Beratung?“ weiterentwickelt. Dies scheint insbesondere vor dem Hintergrund des zunehmenden Einsatzes von oder gar dem Ersatz durch KI-Systeme interessant.

Rund um das Zentenarium von McKinsey ist nämlich zu beobachten, dass die Möglichkeiten zunehmen, die KI-Systeme Consultants und auch ihren Kunden bieten. Nicht selten – insbesondere in Beiträgen in sozialen Netzwerken – wird dies zum Anlass genommen, um das Ende der Dienstleistung Unternehmensberatung und auch das Ende von McKinsey zu verkünden, weil die Beratungskunden mit Hilfe von KI-Systemen und ihrer geschickten Nutzung die Aufgaben, die bisher an Consultants abgegeben wurden, selbst übernehmen könnten.

Dies klingt dann beispielsweise so: „For years, ‚McKinsey-Level‘ meant: Elite teams. Weeks of analysis. Dozens of iterations. But here’s the shift. If you understand the frameworks used by McKinsey & Company – and you know how to translate them into structured prompts, You can now generate McKinsey-grade output in minutes.“ (AI for Consultants 2026)

Es ist durchaus denkbar, dass in einer theoretisch möglichen Zukunft der Beruf des Consultants tatsächlich überflüssig werden könnte. Vor dem Hintergrund eines solchen Szenarios lassen sich entsprechende Vorbereitungen treffen. Hilfreich erscheint es aber auch, die Perspektive zu wechseln und die bisherigen Gründe für die Nachfrage nach Beratungsleistungen auf ihre mögliche fortgesetzte Gültigkeit hin zu untersuchen.

T. Deelmann, *McKinsey – Ein Jahrhundert Managementberatung*, essentials, https://doi.org/10.1007/978-3-658-52237-7_6

Mit dem Verlangen nach den sogenannten „drei B" (eine heuristische Typologie, die auf Brain, Body und Brand zurückgreift) durch die Kunden lassen sich drei klassische Gründe für die Beauftragung von Beratungsleistungen markieren. (Toppin, Czerniawska: 2005, S. 38) Mit „Brain" sind Wissen bzw. fachliche Expertise gemeint. Naheliegend ist die Annahme, dass etwa mithilfe von Chatbots der Bedarf an externen Wissensträgern in der Form von Consultants stark zurückgehen wird, da die KI-Systeme potenziell viele Fragen beantworten können und der Zugriff auf sie vergleichsweise niedrigschwellig und einfach ist.

Dies erscheint auf den ersten Blick plausibel. Dabei wird jedoch ausgeblendet, dass Kunden auch in der Vergangenheit Expertise bei Consultants eingekauft haben, die bereits in der eigenen Organisation vorhanden war und in den Köpfen der Mitarbeitenden steckte oder die sie weitaus günstiger etwa in Form eines Fachbuches oder durch den Zugang zu einer Fachdatenbank hätten erwerben können. Dieses Verhalten kann zunächst als irrational wahrgenommen werden, es spiegelt aber typische Verhaltensweisen und Entscheidungslogiken in Expertenorganisationen wider.

Bisher scheint es nicht zwingend, dass sich an diesem Kundenverhalten signifikante Veränderungen ergeben. Die grundsätzliche „Brain"-Nachfrage mag daher bestehen bleiben.

Mit „Body" wird der zweite große Beauftragungstreiber umschrieben. Er kommt zum Zuge, wenn methodische Unterstützung benötigt wird, etwa bei Problemlösungen. In der Vergangenheit brauchten die Kunden häufig jemanden, der einfach Vorhaben und Projekte vorantreibt, operative Aufgaben übernimmt sowie Problemlösungsmechanismen anwendet. Dieser Grund wird dadurch begünstigt, dass ein eigener Problemlösungswille und die korrespondierenden Kompetenzen zumindest nicht flächendeckend und jederzeit bei Kunden vorhanden sind. Daher ist anzunehmen, dass sie solche Ressourcen auch künftig benötigen werden und weiterhin ein sogenanntes „Execution Gap" vorhanden ist. Solange sich an organisationalen Routinen der Kunden nur wenig ändert, bleibt auch das Nachfrageverhalten stabil.

Die Marke der Beratungsunternehmen, das Netzwerk, auf das sie zurückgreifen können, sowie ihre Reputation lassen sich unter „Brand" subsumieren. Kunden haben in der Vergangenheit Beratungen beauftragt, um genau hiervon zu profitieren und zudem die Chance zu nutzen, Umsetzungsprozesse zu beschleunigen. Berater haben also entsprechend der sogenannten „Signaling Theory" das externe „Gütesiegel" geliefert und als eine Art Prozessturbo für kundeninterne Abläufe fungiert. Derzeit gibt es keinen klaren Hinweis darauf, warum sich an diesen Funktionen etwas durch die Verbreitung von KI ändern sollte.

Insgesamt zeigt sich, dass keine eindeutigen Hinweise erkennbar sind, die zwingend zu einer signifikanten Veränderung an den (klassischen) Gründen für die Beratungsnachfrage führen. (Deelmann 2025b)

Die Einschätzung, dass die Consulting-Dienstleistung nicht ohne weiteres obsolet werden wird, lässt sich unterstützen durch zwei ältere, aber durchaus relevante Überlegungen von Turner (1982) und Kennedy (1979), die dabei helfen, eine Antwort auf die Frage zu finden, was übersehen und verloren gehen würde, wenn KI-Services in größerem Umfang klassische Beratungsleistungen ersetzen. Hier ist es hilfreich, anzuerkennen, dass Beraterinnen und Berater nicht nur „Probleme des Kunden" bearbeiten oder „Wissen vermitteln", denn „Consulting is more than giving advice", wie Turner (1982) in der Harvard Business Review schreibt. Beraterinnen und Berater tragen nämlich im Rahmen der weiter oben angeführten Veränderungsbegleitung (siehe nochmals die Definition der Dienstleistung in Abschn. 1.3) typischerweise auch zum Lernen der Kunden bzw. der Kundenorganisationen bei (und lernen im Rahmen dieses Prozesses ebenfalls hinzu). Dies geschieht als organisationales Lernen auf zwei Ebenen. Auf der Mikro-Ebene ermöglicht das alltägliche gemeinsame Arbeiten an einer Aufgabenstellung (etwa im Rahmen einer Tandemarbeit beziehungsweise der sogenannten Pärchenbildung, wenn also Mitarbeitende der Beratung und des Kundenunternehmens in einzelnen Rollen eng zusammenarbeiten) den einzelnen Kundenmitarbeitenden im Arbeitsprozess neue Kompetenzen zu erwerben. Auf der Makro-Ebene werden in größeren Projekten weite Teile der Kundenorganisation in Veränderungsprozesse eingebunden. Dies gelingt etwa durch Workshops, Großgruppenformate, Arbeit in Teilprojekten (Workstreams) oder andere Interaktionen. Durch diese Einbindung sollen die Organisation und ihre Mitglieder den Neuerungen bzw. Beratungsergebnissen gegenüber eine höhere Akzeptanz entwickeln, diese besser verstehen und schließlich konsequenter und mit größerem Engagement umsetzen. Die Effekte auf beiden Ebenen können nicht mehr (so gut) realisiert werden, wenn menschliche Consultants weitgehend durch KI ersetzt werden. (Deelmann 2025b)

Alan Kennedy, Senior Partner bei McKinsey, beschreibt 1979 seine Arbeit nicht als Wissensvermittler, Fachexperte oder CEO-Einflüsterer, wie man es vermuten könnte. Vielmehr sieht er einen Hauptbestandteil seiner Aufgabe darin, in der jeweiligen Kundenorganisation Konsens herbeizuführen. Dies gelinge durch viele Gespräche, durch Kommunikation und vor allem durch die Begleitung der Kundenorganisation über einen längeren Zeitraum, in der sie selber die Implikationen von Veränderungen versteht und sich mit diesen arrangiert. Kennedy sieht die aus seinen Überlegungen abgeleiteten Implikationen nicht als neuartig an und notiert wie folgt: „Organizational change takes time – if for no other reason because of the time it takes for folks in the organization to build a consensus they are comfortable with." (Kennedy 1979, S. 22)

Die „hidden benefits", also die versteckten Vorteile, vom klassischen Consulting als „professionelle Organisationsveränderungsbegleitung" sind im organisationalen Lernen und der Koordination von Organisationen zu finden. Der Rückgriff auf KI-basierte Beratungsleistungen oder der Einsatz „künstlicher Consultants" birgt die Gefahr, diese versteckten Vorteile unbeabsichtigt zu verlieren, weil der kurzfristige Gedanke, mithilfe von KI-Systemen schneller und effizienter an Daten und Informationen zu gelangen, den langfristigen Grundnutzen der Arbeit mit Consultants übertönen könnte.

6.2 Zusammenfassung

Dieser Beitrag hat sich auf das Beratungsunternehmen McKinsey & Company fokussiert und einen Rückblick, eine Situationsbeschreibung und eine Perspektive skizziert. Dazu wurde nach einem einleitenden Abschnitt und einer kurzen Betrachtung der Anfänge der Beratungsdienstleistung (Kap. 1) die Gründungsphase des Unternehmens McKinsey betrachtet. Hierbei standen James Oscar McKinsey als Namensgeber, Andrew Thomas Kearney als sein erster Partner, Marvin Bower als langjährige Schlüsselfigur sowie Herbert Henzler als später prägende Kraft in Deutschland im Zentrum (Kap. 2).

Kap. 3 hat dann die Unternehmensentwicklung von McKinsey fokussiert. Charakterisierend war ein Wertekanon, der als vermutliche Erfolgsbasis diente und genutzt wurde, um wiederkehrenden Herausforderungen zu begegnen. Zuletzt sah sich McKinsey mit verschiedenen Fällen (mutmaßlichen) Fehlverhaltens in den eigenen Reihen konfrontiert, das wiederholt zu öffentlichen Affären geführt hat. Ungeachtet dessen hat das Unternehmen sich nicht nur selbst kontinuierlich weiterentwickelt, sondern war auch Vorreiter für andere Beratungsunternehmen, Taktgeber für Kundenunternehmen und hat das Verhalten in Wirtschaft und Gesellschaft beeinflusst. Diese Auswirkungen standen im Mittelpunkt von Kap. 4. In Kap. 5 wurden verschiedene Daten zur Umsatz- und Mitarbeitendenentwicklung von McKinsey gesammelt. Anschließend widmete sich das Kapitel der Gegenwart und möglichen Zukunft von McKinsey, indem es die Auswirkungen von Künstlicher Intelligenz auf das Consulting-Geschäftsmodell bzw. das Zusammenspiel mit diesem untersuchte. Die hier getätigten Gedanken lassen sich auch auf andere Anbieter übertragen.

6.3 Fazit und Ausblick

Das zentrale Ziel des Textes, die Geschichte der Managementberatung McKinsey & Company nachzuzeichnen und ihren Einfluss auf Beratungsbranche, Betriebswirtschaft und manageriales Handeln aufzuzeigen, kann als erreicht gelten.

McKinsey ist im Laufe der hundert Jahre des Bestehens zu einem bekannten und einflussreichen Beratungsunternehmen geworden und kann als der wohl prestigeträchtigste Vertreter der Branche betrachtet werden. Auch wenn sich „to McKinsey“ als Verb (McKenna 2006, S. 181–182) nach Einschätzung des Verfassers nicht nachhaltig durchgesetzt hat, wird der Firmenname durchaus als Chiffre für organisationale Beratung genutzt.

Das Firmenprestige ist hoch, was aber für die Branche nicht in gleichem Maße gilt. Das Branchenprestige wird nämlich in einer repräsentativen Umfrage aus dem Jahr 2020 schlecht bewertet und belegt dort den letzten Platz. (Exeo, Rogator 2020, insb. S. 5) Selbstverständlich ist McKinsey für das schlechte Außenbild und die Reputation der Branche nicht allein verantwortlich. Und ebenso wenig kann ein Unternehmen das gesellschaftliche Bild einer kompletten Industrie im Alleingang wieder verbessern, selbst wenn es Maßnahmen umsetzt, um die Wiederholung vergangener Fehltritte zu vermeiden. Aber McKinsey muss als das wohl prestigeträchtigste Beratungsunternehmen seine Rolle nutzen, um mit neuen Impulsen der Branche wieder zu mehr Prestige zu verhelfen und zur Verbesserung ihres öffentlichen Ansehens beizutragen.

Was Sie aus diesem *essential* mitnehmen können

- McKinsey & Company blickt im Jahr 2026 nicht nur auf eine hundertjährige Firmengeschichte zurück, sondern hat in der Zeit auch viele andere Beratungsunternehmen, Kundenorganisationen und das betriebswirtschaftliche Handeln im Allgemeinen beeinflusst.
- Das für das Consulting-Geschäftsmodell notwendige Wachstum hat auch Fehlverhalten zutage gefördert. Verschiedene Beratungsaffären haben dem Ruf von McKinsey geschadet.
- Kontraintuitiv ist, dass James Oscar McKinsey für das Unternehmen nicht dauerhaft wichtig war, dass Strategieberatung als Tätigkeitsbeschreibung zu kurz greift und dass Künstliche Intelligenz doch nicht die Disruption für McKinsey und andere Consultants sein mag, als die es oft dargestellt wird.
- Trotz aller Transparenzbemühungen Dritter bleibt das Beratungsunternehmen selbst opak und nährt damit das Bild des „Mythos McKinsey".

T. Deelmann, *McKinsey – Ein Jahrhundert Managementberatung*, essentials, https://doi.org/10.1007/978-3-658-52237-7

Literatur

AI for Consultants (2026). McKinsey-Level Deck – From A Single Prompt. https://www.linkedin.com/posts/ai-forconsultants_aiforconsultants-managementconsulting-strategy-consulting-activity-7433795891016359936-s26V. Zugegriffen: 28. Februar 2026.

Allianz (2025). Vergütung von Führungskräften unterhalb der Vorstandsebene. https://www.allianz.com/de/ueber-uns/unternehmensfuehrung/verguetung/verguetung-fuehrungskraefte.html. Zugegriffen: 21. Dezember 2025.

Aratani, L. (2024). McKinsey to pay $650m to resolve US investigation into opioid crisis role. https://www.theguardian.com/us-news/2024/dec/13/mckinsey-opioid-crisis-settlement. Zugegriffen: 21. Dezember 2025.

Arthur D. Little (2017). Scatter Acorns That Oaks May Grow – Arthur D. Little, Inc.: An Exhibit. https://web.archive.org/web/20170312034626/http://libraries.mit.edu/archives/exhibits/adlittle/history.html. Zugegriffen: 6. April 2022.

Arthur D. Little (2022). History. https://www.adlittle.com/de/node/21755. Zugegriffen: 14. April 2022.

Balzer, A., & Student, D. (2002). Operation Big Mac. *Manager-Magazin, 11,* S. 52-63.

Barth, N. (2025). Aus für Diversitätsprogramme – Trump sagt ‚Wokeness' den Kampf an. Tagesschau. https://www.tagesschau.de/ausland/amerika/trump-diversitaet-100.html. Zugegriffen: 21. Dezember 2025.

Bartlett, C. A. (2000). McKinsey & Company – Managing Knowledge & Learning. Harvard Business School, Case Study 9-396-357.

Becker, S., & Rosenbach, M. (2024). Verdacht auf Kungelei im Bundesinnenministerium – ‚Auf keinen Fall weiterleiten!!!!' *Der Spiegel 18,* S. 28-29.

Bhide, A. (1993). McKinsey & Co. (B): 1966. *Harvard Business School, Working Paper 9-393-067.*

Bhide, A. (1994). McKinsey & Co. (A): 1956. *Harvard Business School, Working Paper 9-393-066.*

Bhide, A. (1996). McKinsey & Co. (A) and (B). *Harvard Business School, Working Paper 5-396-401.*

Bilanz (2003). McKinsey – Streng vertraulich. https://www.bilanz.ch/unternehmen/mckinsey-streng-vertraulich. Zugegriffen: 21. Dezember 2025.

T. Deelmann, *McKinsey – Ein Jahrhundert Managementberatung*, essentials, https://doi.org/10.1007/978-3-658-52237-7

Bogdanich, W., & Forsythe, M. (2022). *Schwarzbuch McKinsey.* Berlin: Econ.

Bower, M. (1979). *Perspective on McKinsey.* Unveröffentlichtes Material; Nachdruck 2004. o. O.: McKinsey & Company, Inc. im Selbstverlag.

Brake, J. (2025). Major N.L. healthcare report contains errors likely generated by A.I. The Independent. https://theindependent.ca/news/lji/major-n-l-healthcare-report-contains-errors-likely-generated-by-a-i/. Zugegriffen: 21. Dezember 2025.

Breuer, P. (2011). Trend zu lebenslangen Netzwerken – Alumni-Netzwerke in Unternehmen. In M. Klaffe (Hrsg.), *Personalmanagement von Millennials* (S. 182-196). Wiesbaden: Gabler.

Bundesverband Deutscher Unternehmensberatungen (2025a). Facts & Figures zum Consultingmarkt 2025. Bonn: o. V.

Bundesverband Deutscher Unternehmensberatungen (2025b). Qualität im Consulting. https://www.bdu.de/verband/qualitaet-im-consulting/. Zugegriffen: 21. Dezember 2025.

Cao, S. (2023). McKinsey's A.I. Chief Discusses ChatGPT's Impact on Consulting Jobs. The Observer. https://observer.com/2023/06/mckinseys-a-i-chief-discusses-chatgpts-impact-on-consulting-jobs/. Zugegriffen 9. September 2023.

Charta der Vielfalt (2020). Diversity Trends – Die Diversity-Studie 2020. https://www.diversity-trends.de/#inhalt. Zugegriffen: 21. Dezember 2025.

Choudhury, A. & Bainbridge, A. (2025). McKinsey Champions Diversity While Rivals Abandon Targets. Bloomberg. https://www.bloomberg.com/news/articles/2025-02-12/mckinsey-strikes-defiant-tone-on-diversity-while-rivals-balk. Zugegriffen: 15. März 2026.

Codewall (2026): How We Hacked McKinsey's AI Platform. https://codewall.ai/blog/how-we-hacked-mckinseys-ai-platform. Zugegriffen: 15. März 2026.

Copley, F. B. (1923). *Frederick W. Taylor – Father of Scientific Management.* New York: Harper.

Cutter, C., & Ellis, L. (2024). McKinsey's Top Leader Faces Vote to Unseat Him. Wall Street Journal. https://www.wsj.com/finance/investing/mckinseys-top-leader-faces-vote-to-unseat-him-d172c03e. Zugegriffen: 15. Dezember 2025.

Deelmann, T. (2015). *Meilensteine und Trends der Betriebswirtschaft.* 2. Aufl., Berlin: Erich Schmidt.

Deelmann, T. (2021). *Die Beraterаffäre im Verteidigungsministerium.* Berlin: Erich Schmidt.

Deelmann, T. (2022a). Die ersten ihrer Art – Vorläufer des modernen Consultings. https://www.consulting.de/artikel/die-ersten-ihrer-art-vorlaeufer-des-modernen-consultings/. Zugegriffen: 21. Dezember 2025.

Deelmann, T. (2022b). Es könnte McKinsey gewesen sein. Rezension zu Walt Bogdanich, Michael Forsythe: Schwarzbuch McKinsey. *Frankfurter Allgemeine Zeitung, 259 (16).*

Deelmann, T. (2022c). Die Grenzen des Consulting-Wachstums. Capital. https://www.capital.de/karriere/berater-branche%2D%2Ddie-grenzen-des-consulting-wachstums-31865566.html. Zugegriffen: 21. Dezember 2025.

Deelmann, T. (2022d). Beraterаffären & wie man sie vermeidet – 7 einfache Tipps. https://www.consulting.de/artikel/berateraffaeren-wie-man-sie-vermeidet-7-einfache-tipps/. Zugegriffen: 21. Dezember 2025.

Deelmann, T. (2023a). Auftragsmanagement von Beratungsleistungen. *Revisionspraxis PRev, 6,* S. 284-293.

Deelmann, T. (2023b). *Die Berater-Republik – Wie Consultants Milliarden an Staat und Unternehmen verdienen.* München: FBV.

Deelmann, T. (2023c). KI-Dividende im Consulting – Wer holt sich die Milliarde? Capital. https://www.capital.de/wirtschaft-politik/kuenstliche-intelligenz-im-consulting%2D%2Dwer-davon-profitiert-34296846.html. Zugegriffen: 21. Dezember 2025.

Deelmann, T. (2023d). Lilli McKinsey & die KI-Dividende. https://www.consulting.de/artikel/lilli-mckinsey-die-ki-dividende/. Zugegriffen: 21. Dezember 2025.

Deelmann, T. (2024). Berateraffäre im Innenministerium – Das Haus, das Verrückte macht. Capital. https://www.capital.de/wirtschaft-politik/berateraffaere-im-innenministerium%2D%2Dnichts-gelernt%2D%2D34831462.html. Zugegriffen: 21. Dezember 2025.

Deelmann, T. (2025a). *Meilensteine und Trends der Betriebswirtschaft – Management und Organisation von Unternehmen und Verwaltung.* 3. Aufl., Berlin: Erich Schmidt.

Deelmann, T. (2025b): Warum verändert sich Consulting durch KI und Digitalisierung (nicht)? https://www.consulting.de/artikel/warum-veraendert-sich-consulting-durch-ki-und-digitalisierung-nicht/. Zugegriffen: 27. Februar 2026.

Deelmann, T. (2026a). Wie McKinsey zum Mythos wurde. *Frankfurter Allgemeine Zeitung, 15 (16).*

Deelmann, T. (2026b). Kungeleiverdacht im Innenministerium – Fallbesprechung einer Berateraffäre. *Revisionspraxis PRev, 2*, S. 69-77.

Deelmann, T. (2026c). McKinsey als Blaupause für die Consulting-Branche? https://www.consulting.de/artikel/mckinsey-als-blaupause-fuer-die-consulting-branche/. Zugegriffen: 22. Februar 2026.

Deelmann, T. (2026d). McKinsey in Zahlen – Sammlung von Daten zur Umsatz-, Mitarbeitenden- und Alumni-Entwicklung bei McKinsey seit 1926. Working Paper 5/2026. https://url.nrw/McK-in-Zahlen. Zugegriffen: 23.06.2026.

Deelmann, T., & Krämer, A. (2020). *Consulting – Ein Lehr-, Lern- und Lesebuch zur Unternehmensberatung.* Berlin: Erich Schmidt.

Deutsche Telekom (2025). Claudia Nemat verläßt die Telekom. https://www.telekom.com/de/medien/medieninformationen/detail/wechsel-im-vorstand-1092236. Zugegriffen: 21. Dezember 2025.

DHL (2025). Aufsichtsrat – Lebensläufe Anteilseignervertreter – Dr. Katrin Suder. https://group.dhl.com/content/dam/deutschepostdhl/de/about-us/lebenslauf/cv-suder-de-2025-07-21.pdf. Zugegriffen: 21. Dezember 2025.

Drezner, D. W. (2019). *The Ideas Industry.* New York/USA: Oxford University Press.

Economist (2019). Rethinking McKinsey. *Economist,* 23.11.2019, S. 62.

Edmans, A., Gabaix, X., & Jenter, D. (2017). Executive Compensation – A Survey of Theory and Evidence. In B. E. Hermalin, & M. S. Weisbach (Hrsg.), *The Handbook of the Economics of Corporate Governance* (S. 383-539). Amsterdam/NL: Elsevier.

Eglau, H.-O. (1983). Wenn McKinsey kommt … Die Zeit. http://www.zeit.de/1983/12/wenn-mckinsey-kommt. Zugegriffen: 15. Februar 2012.

Exeo, Rogator (2020). OpinionTrain 2020 – Unternehmensberater in der Krise. https://exeo-consulting.com/pdf/exeo_OpinionTRAIN_Image%20Unternehmensberater_2020.pdf. Zugegriffen: 21. Dezember 2025.

Fasse, M., Fröndhoff, B., Höpner, A., & Köhler, P. (2014). Die McKinsey-Republik. *Handelsblatt, 192,* S. 1, 4-5.

Flesher, D. L., & Flesher, T. K. (1996). McKinsey, James O. (1889-1937). In: M. Chatfield, & R. Vangermeersch (Hrsg.), *The History of Accounting – An International Encyclopedia* (S. 420-421). New York/USA & London/UK: Garland.

Focus (2023). Mythos McKinsey. Focus. https://www.focus.de/magazin/archiv/wirtschaft-mythos-mckinsey_id_188662120.html. Zugegriffen: 21. Dezember 2025.

Foley, S. (2024). McKinsey partners re-elect Bob Sternfels after leadership challenge. Financial Times. https://www.ft.com/content/4a9b4199-440b-41f9-b419-8f8ac20b20d1. Zugegriffen: 15. Dezember 2025.

Forbes (2025): Profile – McKinsey & Company. Forbes Magazine. https://www.forbes.com/companies/mckinsey-company/. Zugegriffen: 15. Dezember 2025.

Franzen, C. (2023). Consulting giant McKinsey unveils its own generative AI tool for employees – Lilli. https://venturebeat.com/ai/consulting-giant-mckinsey-unveils-its-own-generative-ai-tool-for-employees-lilli. Zugegriffen: 9. September 2023.

Freitag, M., & Student, D. (2012). Milliardenschweres Netzwerk – McKinsey ist überall. Der Spiegel. https://www.spiegel.de/karriere/mckinsey-ex-berater-unterhalten-weltweites-netzwerk-a-855609.html. Zugegriffen: 21. Dezember 2025.

Fröndhoff, B., & Kort, K. (2021). ‚Zeichen der Erneuerung' – McKinsey-Partner setzen ihren Chef ab. Handelsblatt. https://www.handelsblatt.com/unternehmen/management/unternehmensberatung-zeichen-der-erneuerung-mckinsey-partner-setzen-ihren-chef-ab/26948724.html. Zugegriffen: 15. Dezember 2025.

Gehrmann, W. (2002). Rauf oder Raus – Die Unternehmensberatung McKinsey muss weiter wachsen – oder ihr bewährtes Geschäftsmodell aufgeben. *Die Zeit 48.*

Gutzler, E. H. (1992). GWA – Wunderwaffe mit vielen Tücken. Harvard Business manager. https://www.manager-magazin.de/hbm/gwa-wunderwaffe-mit-vielen-tuecken-a-5f1dc559-0002-0001-0000-000029861416. Zugegriffen: 21. Dezember 2025.

Haas Edersheim, E. (2004). *McKinsey's Marvin Bower – Vision, Leadership, and the Creation of Management Consulting.* Hoboken/USA: John Wiley.

Harvard Business School (2025). Marvin Bower. https://www.hbs.edu/leadership/20th-century-leaders/details?profile=marvin_bower. Zugegriffen: 21. Dezember 2025.

Hawley, J. (2024). Letter to McKinsey China-Report. https://www.hawley.senate.gov/wp-content/uploads/files/2024-02/Hawley-Letter-to-McKinsey-China-Report.pdf. Zugegriffen: 15. Dezember 2025.

Henzler, H. (2011). Immer am Limit – Der Spitzenmanager von McKinsey erinnert sich. 2., Berlin: Econ.

Hochhuth, R. (2004). *McKinsey kommt.* 4. Aufl., München: Deutscher Taschenbuch Verlag.

Jensen, M. C (1971). McKinsey & Co. – Big Brother to Big Business. New York Times. https://www.nytimes.com/1971/05/30/archives/mckinsey-co-big-brother-to-big-business-mckinsey-big-brother-to-big.html. Zugegriffen: 21. Dezember 2025.

J.P. Morgan (2025). Vergütungsplan für Führungskräfte: Funktionsweise und Struktur. https://www.jpmorganworkplacesolutions.com/de/insights/verguetungsplan-fuer-fuehrungskraefte-funktionsweise-und-struktur/. Zugegriffen: 21. Dezember 2025.

Karp, P. (2025a). Academics raise alarm over suspected AI use in Deloitte report. The Australien Financial Review. https://www.afr.com/companies/professional-services/academics-raise-alarm-over-suspected-ai-use-in-deloitte-report-20250822-p5mp0f. Zugegriffen: 21. Dezember 2025.

Karp, P. (2025b). Deloitte report suspected of containing AI invented quote. The Australien Financial Review. https://www.afr.com/companies/professional-services/deloitte-report-suspected-of-ai-invented-quote-from-robo-debt-case-20250825-p5mpjj. Zugegriffen: 21. Dezember 2025.

Karriere.de (2025): McKinsey – Zwischen Mythos und Legende. https://karriere.de/mein-naechster-job/unternehmensberatung-mckinsey-zwischen-mythos-und-legende/. Zugegriffen: 21. Dezember 2025.

Kearney (2026a). Our Story. https://www.kearney.com/about/our-story. Zugegriffen: 27. Februar 2026.

Kearney (2026b). 100 Years of Impact. https://www.kearney.com/about/100-years. Zugegriffen: 27. Februar 2026.

Kennedy, A. A. (1979). One ‚perspective' on the consulting process (or, does anyone know what's going on out there). *Exchange – The Organizational Behavior Teaching Journal*, 3, S. 18-22.

Kennedy Intelligence (2025). Slide showdown. In Economist (Hrsg.) *The humbling of McKinsey,* 09.08.2025, S. 54.

Kewes, T. (2023). McKinsey überprüft die eigene Strategie. *Handelsblatt, 43,* S. 1, 20-21.

Kewes, T. (2025). Kommentar – McKinsey – in eigener Sache schlecht beraten. Handelsblatt. https://www.handelsblatt.com/meinung/kommentare/kommentar-mckinsey-in-eigener-sache-schlecht-beraten/100135600.html. Zugegriffen: 21. Dezember 2025.

Ferry, K. (2025): Datenbasierte Vergütungsanalyse. https://www.kornferry.com/de/funktionen/talent-suite/korn-ferry-pay. Zugegriffen: 21. Dezember 2025.

Kunzmann, P., & Burkard, F.-P. (2020). *dtv-Atlas Philosophie.* 18. Aufl., München: dtv.

Kurbjuweit, D. (2004). *Unser effizientes Leben – Die Diktatur der Ökonomie und ihre Folgen.* 3. Aufl., Reinbek b. H.: Rowohlt.

Leif, T. (2006). *Beraten & verkauft – McKinsey & Co. – der große Bluff der Unternehmensberater.* München: Goldmann.

Lepper-Binnewerg, A., & Zündorf, I. (2020). Biografie Rolf Hochhuth. In Stiftung Haus der Geschichte der Bundesrepublik Deutschland (Hrsg.), *LeMO-Biografien, Lebendiges Museum Online*. https://www.hdg.de/lemo/biografie/rolf-hochhuth. Zugegriffen: 21. Dezember 2025.

Legacy (2023). Gene Zelazny Obituary. https://www.legacy.com/us/obituaries/legacyremembers/gene-zelazny-obituary?id=51793315. Zugegriffen: 21. Dezember 2025.

Löhr, J. (2014). Der Club der Macht. *Frankfurter Allgemeine Zeitung,* 15.02.2024, S. C1-C2.

Lünendonk (2003). TOP 25 der Managementberatungs-Unternehmen in Deutschland 2003. Bad Wörrishofen.

Lünendonk (2009). TOP 25 der Managementberatungs-Unternehmen in Deutschland 2008. Kaufbeuren.

Lünendonk (2015). Lünendonk-Liste 2014 – Führende Managementberatungs-Unternehmen in Deutschland 2014. Kaufbeuren.

MacDougal, I. (2021). McKinsey Never Told the FDA It Was Working for Opioid Makers While Also Working for the Agency. https://www.propublica.org/article/mckinsey-never-told-the-fda-it-was-working-for-opioid-makers-while-also-working-for-the-agency. Zugegriffen: 21. Dezember 2025.

Manager-Magazin (1998). McKinsey & Company. Manager-Magazin. https://www.manager-magazin.de/magazin/artikel/a-223.html. Zugegriffen: 21. Dezember 2025.

Marktanner, A. (2022). Neue Quellen der Beratungsforschung – Marvin Bowers Perspektive on McKinsey. *Vierteljahreshefte für Zeitgeschichte, 1,* S. 89-102.

Marsh & McLennan (2022). Our history. https://www.marshmclennan.com/about/history.html. Zugegriffen: 14. April 2022.

McDonald, D. (2013). The Making of McKinsey – A Brief History of Management Consulting in America. https://longreads.com/2013/10/23/the-making-of-mckinsey-a-brief-history-of-management. Zugegriffen: 21. Dezember 2025.

McDonald, D. (2015). *The Firm – The inside story of McKinsey*. London/UK: Oneworld.
McKenna, C. D. (2006). *The World's Newest Profession – Management Consulting in the Twentieth Century*. Cambridge/UK et al.: Cambridge University Press.
McKinsey (1940). *Supplementing Successful Management*. New York/USA: o. V.
McKinsey (2013a). Ursprung und Geschichte. http://www.mckinsey.com/html/profil/ueber_mckinsey/ursprung_und_geschichte.asp. Zugegriffen: 9. April 2013.
McKinsey (2013b). Lufthansa und McKinsey starten Gemeinschaftsunternehmen Lumics. Pressemitteilung vom 2. September 2013.
McKinsey (2014). McKinsey fact sheet. https://www.tempus.de/wp-content/uploads/downloads/569.pdf. Zugegriffen 15. März 2026.
McKinsey (2015). Accelerating with QuantumBlack. https://www.mckinsey.com/about-us/new-at-mckinsey-blog/accelerating-with-quantumblack. Zugegriffen: 21. Dezember 2025.
McKinsey (2016). New at McKinsey – A small book about making a big difference. o. O.: o. V.
McKinsey (2017). Women Matter – Ten years of insights on gender diversity. https://www.mckinsey.com/featured-insights/gender-equality/women-matter-ten-years-of-insights-on-gender-diversity. Zugegriffen: 21. Dezember 2025.
McKinsey (2018). Social Responsibility Report 2018 – Creating change that matters. https://www.mckinsey.com/~/media/mckinsey/about%20us/social%20responsibility/social-responsibility-report-2018.pdf. Zugegriffen: 13. März 2026.
McKinsey (2019). McKinsey stellt 2019 bis zu 500 neue Berater ein, die Hälfte davon Frauen. https://www.mckinsey.com/de/news/presse/2019-03-08-mck-new-hires. Zugegriffen: 21. Dezember 2025.
McKinsey (2020a). From the archives – Lillian Dombrowski, trailblazer. Online unter: https://www.mckinsey.com/~/media/mckinsey/email/shortlist/111/2020-11-13.html, Abruf am 09.09.2023.
McKinsey (2020b). Social Responsibility Report 2020 – Delivering on our purpose. https://www.mckinsey.com/~/media/mckinsey/about%20us/social%20responsibility/2020%20social%20responsibility%20report/mckinsey-social-responsibility-report-2020.pdf. Zugegriffen: 13. März 2026.
McKinsey (2021). 2021 ESG Report – Accelerating Sustainable and Inclusive Growth. https://www.mckinsey.com/spContent/bespoke/esg-pdf/pdfs/in/McKinsey_2021_ESG_Report_VF.pdf. Zugegriffen: 13. März 2026.
McKinsey (2022). 2022 ESG Report – Creating a more sustainable, inclusive, and growing future for all. https://www.mckinsey.com/~/media/mckinsey/about%20us/social%20responsibility/2022%20esg%20report/esg-report-2022.pdf. Zugegriffen: 13. März 2026.
McKinsey (2023a). Remembering Gene Zelazny. https://www.mckinsey.com/alumni/news-and-events/global-news/alumni-news/2023-05-remembering-gene-zelazny. Zugegriffen: 21. Dezember 2025.
McKinsey (2023b). Meet Lilli, our generative AI tool that's a researcher, a time saver, and an inspiration. https://www.mckinsey.com/about-us/new-at-mckinsey-blog/meet-lilli-our-generative-ai-tool. Zugegriffen: 21. Dezember 2025.
McKinsey (2023c). 2023 ESG Report – Accelerating sustainable and inclusive growth for all. https://www.mckinsey.com/~/media/mckinsey/about%20us/social%20responsibility/2023%20esg%20report/mckinsey-and-company-2023-esg-report.pdf. Zugegriffen: 12. März 2026.

McKinsey (2024a). Statement – McKinsey South Africa has entered into a final resolution with the U.S. Department of Justice […]. https://www.mckinsey.com/za/our-work/statements/mckinsey-statement-december-2024. Zugegriffen: 21. Dezember 2025.

McKinsey (2024b). Die Bedeutung von Vielfalt für den Geschäftserfolg wird immer stärker. https://www.mckinsey.de/news/presse/2024-03-06-diversity-matters-even-more. Zugegriffen: 21. Dezember 2025.

McKinsey (2025a). Geschichte. https://www.mckinsey.de/uber-uns/geschichte. Zugegriffen: 21. Dezember 2025.

McKinsey (2025b). Werte. https://www.mckinsey.de/uber-uns/werte. Zugegriffen: 21. Dezember 2025.

McKinsey (2025c). History of our firm. https://www.mckinsey.com/about-us/overview/history-of-our-firm. Zugegriffen: 21. Dezember 2025.

McKinsey (2025d). Barbara Minto: ‚MECE: I invented it, so I get to say how to pronounce it'. https://www.mckinsey.com/alumni/news-and-events/global-news/alumni-news/barbara-minto-mece-i-invented-it-so-i-get-to-say-how-to-pronounce-it. Zugegriffen: 21. Dezember 2025.

McKinsey (2025e). Our purpose, mission, and values. https://www.mckinsey.com/about-us/overview/our-purpose-mission-and-values. Zugegriffen: 21. Dezember 2025.

McKinsey (2025f). Client Service Policies. https://www.mckinsey.com/about-us/overview/our-governance/client-service-policies. Zugegriffen: 21. Dezember 2025.

McKinsey (2025g). McKinsey fact sheet. https://www.mckinsey.com/~/media/mckinsey/about%20us/media%20center/mckinseymediafactsheet_27mar2025.pdf. Zugegriffen 21. Dezember 2025.

McKinsey (2026a). McKinsey & Company Advisory Business, MIO Partners („MIO") to Join Neuberger. https://www.mckinsey.com/about-us/media/mckinsey-and-company-advisory-business-mio-partners-to-join-neuberger. Zugegriffen: 27 Februar 2026.

McKinsey (2026b). McKinsey and AWS launch Amazon McKinsey Group. https://www.mckinsey.com/about-us/new-at-mckinsey-blog/mckinsey-and-amazon-launch-amazon-mckinsey-group. Zugegriffen am 27. Februar 2026.

Minto Books (2025). About Barbara Minto. https://www.barbaraminto.com/about.html. Zugegriffen: 21. Dezember 2025.

Neuscheler, T. (2019a). McKinsey berät Purdue nicht länger. Frankfurter Allgemeine Zeitung. https://www.faz.net/aktuell/wirtschaft/unternehmen/amerikanische-opioid-tragoedie-mckinsey-beraet-purdue-nicht-laenger-16204545.html. Zugegriffen: 21. Dezember 2025.

Neuscheler, T. (2019b). McKinsey macht Rolle rückwärts. Frankfurter Allgemeine Zeitung. https://www.faz.net/aktuell/wirtschaft/unternehmen/pharmaunternehmen-purdue-was-mckinsey-zu-opioid-krise-sagt-16218108.html. Zugegriffen: 21. Dezember 2025.

Neuscheler, T. (2023). Opioid-Krise – McKinseys Desaster. Frankfurter Allgemeine Zeitung. https://www.faz.net/aktuell/wirtschaft/unternehmen/opioid-krise-mckinseys-desaster-19204496.html. Zugegriffen: 21. Dezember 2025.

Neuscheler, T. (2024). Korruptionsskandal – McKinsey zahlt 122 Mio. Dollar in Südafrika. Frankfurter Allgemeine Zeitung. https://www.faz.net/aktuell/wirtschaft/unternehmen/korruptionsskandal-mckinsey-zahlt-in-suedafrika-110158411.html. Zugegriffen: 21. Dezember 2025.

Neuscheler, T. (2026). Wer künftig die Vermögen der McKinsey-Mitarbeiter verwaltet. Frankfurter Allgemeine Zeitung. https://www.faz.net/aktuell/wirtschaft/unternehmen/mckinsey-lagert-hauseigene-vermoegensverwaltung-aus-110835286.html. Zugegriffen: 27. Februar 2026.

New York Times (1937). J. O. M'Kinsey Dies; Of Marshall Field. New York Times. https://www.nytimes.com/1937/12/01/archives/j-o-mkinsey-dies-of-marshall-field-chairman-of-chicago-company-and.html. Zugegriffen: 21. Dezember 2025.

New York Times (1996). Arch Patton, 88; Devised First Survey of Top Executives' Pay. New York Times. https://www.nytimes.com/1996/11/30/nyregion/arch-patton-88-devised-first-survey-of-top-executives-pay.html. Zugegriffen: 4. Dezember 2025.

New York Times (2003). Marvin Bower, 99; Built McKinsey & Co. New York Times. https://www.nytimes.com/2003/01/24/business/marvin-bower-99-built-mckinsey-co.html. Zugegriffen: 21. Dezember 2025.

O'Mahoney, J., & Sturdy, A. (2016): Power and the diffusion of management ideas – The case of McKinsey & Co. *Management Learning, 3*, S. 247-265.

Orphoz (2025). Home. https://orphoz.de/home. Zugegriffen: 21. Dezember 2025.

Peters, T.; Waterman, R. H. (2015). *In Search of Excellence.* London/UK: Profile.

Plickert, P. (2024): Das Diversity-Märchen. Frankfurter Allgemeine Zeitung. https://www.faz.net/aktuell/wirtschaft/wirtschaftswissen/das-diversity-maerchen-19741950.html. Zugegriffen: 21. Dezember 2025.

Rasiel, E. M. (1999): *The McKinsey Way – Using the Techniques of the World's Top Strategic Consultants to Help You and Your Business.* New York/USA et al.: McGraw-Hill.

Regierungskommission Deutscher Corporate Governance Kodex (2022). Deutscher Corporate Governance Kodex – Abschnitt B, Besetzung des Vorstands. https://www.dcgk.de/de/kodex/aktuelle-fassung/b-besetzung-des-vorstands.html. Zugegriffen: 21. Dezember 2025.

Schulz, C. (2019). Das Pyramiden-Prinzip – Dinge ergebnisorientiert berichten. https://www.consulting-life.de/pyramiden-prinzip/. Zugegriffen: 21. Dezember 2025.

Schulz, C. (2024). Say It With Charts – so transferierst Du trockene Daten in verständliche Diagramme. https://www.consulting-life.de/say-it-with-charts-so-transferierst-du-trockene-daten-in-verstaendliche-diagramme. Zugegriffen: 21. Dezember 2025.

Sloane, L. (1973). McKinsey Manager to Stop Down. New York Times. https://www.nytimes.com/1973/04/27/archives/mckinsey-manager-to-step-down-people-and-business.html. Zugegriffen: 15. Dezember 2025.

Source Global Research (2024). Consulting service lines: Which will outperform the market? https://www.sourceglobalresearch.com/blog-post/consulting-service-lines-which-will-outperform. Zugegriffen: 21. Dezember 2025.

Steinmann, T. (2024). Heikler Doppelauftrag für PwC bei René Benkos KaDeWe-Gruppe. Capital. https://www.capital.de/wirtschaft-politik/heikler-doppelauftrag-fuer-pwc-bei-rene-benkos-kadewe-gruppe-34450978.html. Zugegriffen: 21. Dezember 2025.

Steppan, R. (2003). *Versager im Dreiteiler – Wie Unternehmensberater die Wirtschaft ruinieren.* Frankfurt/Main: Eichborn.

Sternfels, B. (2026). Where McKinsey – and Consulting – Go From Here. Interview mit A. Ignatius, & A. Beard, *Harvard Business Review, HBR Idea Cast Podcast*, Ep. 1060, 06.01.2026, Transkript: https://hbr.org/podcast/2026/01/where-mckinsey-and-consulting-go-from-here. Zugegriffen: 27. Januar 2026.

Student, D. (2021). Wie McKinsey zur Skandalfirma wurde. Manager-Magazin. https://www.manager-magazin.de/unternehmen/wie-mckinsey-zur-skandalfirma-wurde-und-wie-bob-sternfels-sie-jetzt-retten-soll-a-42abfd67-0002-0001-0000-000177568786. Zugegriffen: 1. August 2024.

Taylor. F. W. (1911). *The Principles of Scientific Management.* New York/USA: Harper.

The Economist (2025). How McKinsey lost its edge. The Economist. https://www.economist.com/business/2025/08/03/how-mckinsey-lost-its-edge. Zugegriffen: 21. Dezember 2025.

Thielscher, C. (2025). *Bessere Organisationen – besseres Leben.* Wiesbaden: Springer

Thompson, P. (2024). McKinsey zahlt 122 Mio. Dollar, um Bestechungsvorwürfe in Südafrika beizulegen. https://www.businessinsider.de/wirtschaft/mckinsey-zahlt-120-millionen-e-um-bestechungsvorwuerfe-beizulegen. Zugegriffen: 21. Dezember 2025.

Time (1973). Consultant, Heal Thyself. Time Magazine Archive. https://time.com/archive/6841148/executives-consultant-heal-thyself. Zugegriffen: 15. Dezember 2025.

Topping, G., & Czerniawska, F. (2005). *Business Consulting.* London/UK: The Economist and Profile Books.

Turner, A. N. (1982): Consulting Is More Than Giving Advice. Harvard Business Review. https://hbr.org/1982/09/consulting-is-more-than-giving-advice. Zugegriffen: 27. Februar 2026.

Umoh, R. (2025). The McKinsey CEO pipeline – How the consulting giant built an empire of influence and filled the world's corner offices with its alumni. Fortune. https://fortune.com/2025/09/25/mckinsey-ceo-pipeline-fortune-500-global-500-consulting-ai/. Zugegriffen: 21. Dezember 2025.

Vogt, K.-I., & Weber, J. (2018). Gemeinkostenwertanalyse. https://wirtschaftslexikon.gabler.de/definition/gemeinkostenwertanalyse-34363/version-257867. Zugegriffen: 21. Dezember 2025.

Walger, G. (1995). Idealtypen der Unternehmensberatung. In G. Walger (Hrsg.), *Formen der Unternehmensberatung – Systemische Unternehmensberatung, Organisationsentwicklung, Expertenberatung und gutachterliche Beratungstätigkeit in Theorie und Praxis* (S. 1–18). Köln: Dr. Otto Schmidt.

Wehmeyer, J. C., & Kaleta, P. (2022). Gazprom-Leak – Wie die Unternehmensberater von McKinsey dabei halfen, Deutschland von russischem Gas abhängig zu machen. Business Insider. https://www.businessinsider.de/wirtschaft/gazprom-leak-wmckinsey-dabei-half-deutschland-von-russischem-gas-abhaengig-zu-machen-p7. Zugegriffen: 21. Dezember 2025.

Welp, C., & Kamp, M. (2015). Das große Aufräumen. *Wirtschaftswoche,* 31.07.2025, S. 52-56.

Welt (2023). Ende des Mythos McKinsey? Welt. https://www.welt.de/wirtschaft/plus245198168/McKinsey-Ende-eines-Mythos-Wir-sind-einer-der-beliebtesten-Arbeitgeber.html. Zugegriffen: 21. Dezember 2025.

Zeitfracht Medien GmbH
Ferdinand-Jühlke-Straße 7
99095 Erfurt, Deutschland
produktsicherheit@kolibri360.de